Daniel Hertlein

DEIN JA ZU DIR

DEIN JA
ZU DIR

vom Licht deiner Seele
und dem Wirken in der Welt

Daniel Hertlein

Verlag: Daniel Hertlein Verlag, München

Redaktion: Brigitte Nickel
Lektorat: Antonie Hertlein, Schrozberg, www.texte-lektorat.de
Covergestaltung: Christina Knauer, www.christinaknauer.de
Fotos und Satz: Katrin Heitzmann
Druck: tredition GmbH, Halenreie 40-44, 22359 Hamburg

ISBN eBook: 978-3-9816221-9-5
ISBN Paperback: 978-3-9816221-8-8

∞ ∞ ∞

Der Weg des Herzens ist ein Weg des Vertrauens,
ein Weg der Liebe zum Leben,
der Achtung vor dem Lebendigen in uns.
Diese Lebendigkeit kann
der Meister unseres Lebens werden.

∞ ∞ ∞

Über Daniel Hertlein

Daniel Hertlein, geb. 1974 in München, ist spiritueller Lehrer, Medium und Heiler. Aufgewachsen in einem christlichen Umfeld mit viel Bezug zu östlicher Weisheit, beschäftigte er sich mit Körper- und Energiearbeit, mit Kampfkunst, Zen, Yoga und spirituellen Wandlungsprozessen unterschiedlicher Traditionen. Vor allem Zen-Meister Richard Baker Roshi eröffnete ihm die Erfahrung innerer Bewusstseinsräume. Seit 1996 wirkt Daniel Hertlein selbst als Lehrer und entwickelt transformative Sichtweisen und Übungen, die einen Zugang zu den unterschiedlichen Dimensionen des menschlichen Seins eröffnen. Aus seinem Anliegen, die heilende Kraft des Göttlichen im eigenen Herzen zugänglich zu machen, begleitet er Menschen und stellt dabei den ganz praktischen Bezug zum alltäglichen Leben her.

Daniel Hertlein teilt seine Lehre in spirituellen Ausbildungen, Retreats, Satsangs, Livestream-Veranstaltungen und in Form von Büchern, eBooks, CDs und MP3s, die er in seinem Verlag publiziert.

www.daniel-hertlein.de

Inhaltsverzeichnis

Vorwort

Bis ich Daniel Hertlein im Herbst 2004 in München begegnet bin, habe ich immer nach Wegen gesucht, wie ich das Leid, das ich in der Welt sah und in mir spürte, lindern kann. Das war und ist mein Herzensanliegen. Bei Daniel habe ich dann eine lebenspraktische Spiritualität kennengelernt, die ohne esoterisches Beiwerk, ohne traditionelle Formen und Riten direkt mein Herz berührt. Je mehr ich so meditierte, wie er es vermittelt, umso klarer wurde mir, dass ein heilsames Wirken in der Welt mit meiner eigenen Heilung beginnt.

Das Praktizieren mit Daniel bei Retreats, Satsangs und Meditationen, seine Unterstützung bei der Klärung meiner Lebensfragen und bei seelischen Heilprozessen durch Gespräche und Lichtenergiearbeit sowie das Hören und Lesen seiner Worte waren der Katalysator für zahlreiche positive Veränderungen in meinem Leben und gleichzeitig ein Stabilisator während aller Umbrüche.

Durch Daniels Lehre habe ich gelernt, immer mehr die Verbindung zu mir selbst zu finden, ohne mich in den Höhen oder Tiefen des Lebens zu verlieren. Mein Vertrauen, mein Glaube und meine Hingabe ans Leben haben sich vertieft. Ich habe Klarheit gewonnen, Mut für neue Schritte gefasst und gelernt, Beziehungen heilsam zu leben, meinen Herzensanliegen und Visionen zu folgen. Früher *glaubte* ich an geistige BegleiterInnen, doch heute darf ich die Verbindung zu ihnen *erleben.*

Die Texte, die du hier findest, sind überwiegend aus Mitschnitten von Daniels Veranstaltungen entstanden. Meine Praxis und Arbeit mit ihnen für dieses Buch haben mich über viele Jahre insbesondere in schweren Phasen meines Lebens getragen, aufgerichtet und mein Vertrauen in mich und in die göttliche Führung gestärkt. Sie haben mich dabei unterstützt, meine innere Stimme klarer wahrzunehmen und immer mehr das zu leben, was mir wirklich entspricht. All die Impulse und meine Erkenntnisse daraus machten mein Leben heller, lebendiger, erfüllter und ich bin zutiefst dankbar für alles, was sich mir jeden Tag dadurch eröffnet.

Lass dich berühren und inspirieren von den Texten und Zitaten in diesem Buch und genieße jeden Schritt in Richtung Heilung und Erfüllung. Ich wünsche dir viele freudige, tröstliche, ermutigende und transformative Momente beim Lesen, Üben ... und in deinem alltäglichen Leben!

München, April 2019 *Brigitte Nickel*

Nimm dein Leben in deine Hand

Gelebte Spiritualität

Oft verlieren wir uns im „Funktionieren“ und geben unseren Glauben an ein erfülltes Dasein auf.

Wie können wir uns selbst wieder mehr fühlen, um zu erfahren, was wichtig für uns ist?

Die Emotionen, die wir in uns haben, sind Wegweiser zu unserem Herzen. Unser Herz weiß, was wir brauchen, um glücklich zu sein. Es sehnt sich nach Glück und Erfüllung. Es will erfüllt sein. Und wenn wir ihm nicht folgen, geht es uns nicht gut – wir sind unglücklich.

Wie können wir diese Brücke zu unserem Herzen wieder schaffen?

Wie bringen wir eine Welt, die uns mit ihrem Tempo und ihren ganz eigenen Gesetzen beeinflusst, mit den Gesetzen unseres Herzens zusammen?

Es geht um das Bindeglied zwischen Spiritualität und ganz alltäglichen praktischen Dingen.

Wenn es diese Verbindung nicht gibt, dann existieren eine realitätsferne Esoterik und die Welt nebeneinander – aber es gibt keine gelebte Spiritualität. Manche meinen, das seien unterschiedliche Dinge: der weltliche Mensch, der sich um Gott und geistige Gesetze nicht kümmert, und der Esoteriker, der keinen Bezug zum alltäglichen Leben hat. Gelebte Spiritualität heißt, beides miteinander zu verweben!

Dann wird das Leben für den Esoteriker immer geerdeter, griffiger. Und für den weltlich gesinnten Menschen wird es leichter und offener – er gibt seinem Leben und dem Leben anderer mehr Raum.

Die höchste Form besteht darin, in beiden Welten zu leben – eine Heirat aus Geistigem und Materiellem zu vollziehen, sodass beide Welten zu einer verschmelzen.

Denn es gibt nur das Leben im Hier und Jetzt! Es gibt keine zwei Welten!

Es gibt diese eine Welt mit vielen Dimensionen, die alle gleichzeitig existieren. Und die Kunst besteht darin, uns auf unterschiedlichen Ebenen zu bewegen, während wir gewahr sind, dass wir im Hier und Jetzt, in dieser einen Welt miteinander verbunden sind.

Dafür ist es wichtig, dass wir unsere Emotionen und Gefühle wieder erleben. Dass wir sie als Wegweiser zu unserem Herzen begreifen und nutzen. Dass wir – mit einem offenen Geist, der viele Möglichkeiten bietet – unser Leben gemäß unseren Herzensanliegen erfüllend kreieren.

∞ ∞ ∞

Jeder hier hat eine Aufgabe.

Niemand ist je ohne Aufgabe inkarniert.

Und dass du hier bist, ist definitiv kein Irrtum.

Erlaube dir, deinen Platz einzunehmen und

deine Einzigartigkeit zu entdecken.

∞ ∞ ∞

Göttlicher Kreislauf

Sobald wir den Blick nach innen lenken, zeigen wir Interesse an uns selbst, am Leben und an Gott.

Und endlich findet das, was in uns wohnt, Beachtung. Alles, was in uns auftaucht, ist Leben, unser Leben. Nichts ist von uns getrennt. Alles findet in dem einen Geist statt, der als „ich selbst" wahrgenommen werden möchte.

Doch manchmal wollen wir diesem Ruf gar nicht folgen, wollen überhaupt nicht so genau hinsehen, hinhören oder hinspüren, was wir da in uns haben oder tragen, und lenken uns lieber mit den unterschiedlichsten Beschäftigungen ab. Insbesondere wenn wir „nichts Gutes" erwarten, finden wir viele Fluchtwege. Ist unsere innere Schulung jedoch so weit fortgeschritten, dass wir unsere Strategien durchschauen und die Notwendigkeit zur Umkehr fühlen, weil sich möglicherweise die Themen unseres Lebens durch Körperspannungen, innere Unruhe, intensive Träume oder immer wiederkehrende Konflikte mit unseren Mitmenschen „lautstark" in unser Bewusstsein drängen, dann erkennen wir auch die Unausweichlichkeit der spirituell-linearen Entwicklung.

Der Weg über die Hürden des inneren Lebens lässt uns innerlich heranreifen und bringt uns, sofern wir die rechte Haltung einnehmen, auf direktem Weg zum Ursprung unseres Seins. Also das, was in uns ist, ist nicht unser Gegner, den wir bekämpfen oder vor dem wir weglaufen müssen.

Wir werden stattdessen immer wieder dazu aufgefordert, das, was in uns lebendig ist, wertzuschätzen und zu lieben, da es uns lehrt, wie wir unser Leben meistern können.

Das heißt, wenn wir wieder einmal im Leben auf uns selbst zurückgeworfen werden, wenn unsere Strategien nicht funktionieren, kann dies ein großer Segen sein, weil hinter jeder Enttäuschung, die sich zum Beispiel durch Traurigkeit, Wut oder Niedergeschlagenheit zeigt, ein uns lehrender Meister steckt, der überall aktiv ist und von uns in seinen unterschiedlichen Gewändern erkannt werden möchte.

Aber meistens beklagen wir uns und meinen, das Leben sei unfair oder andere Menschen hätten Schuld an unserem Dilemma. Wenn wir jedoch den direkten Weg des Herzens und der Liebe gehen, lassen wir uns immer wieder auf uns selbst zurückwerfen und erkennen auch in einem vermeintlichen Scheitern eine Chance und einen Wegweiser für die Selbstverwirklichung. Eine zutiefst erfüllende Dankbarkeit breitet sich in uns aus, sobald wir die göttliche Führung und dadurch die Stimmigkeit unserer Erlebnisse hinter den oft schwierigen Lebenssituationen erahnen oder sogar deutlich wahrnehmen. Oftmals sinken wir dann auch beschämt und voll Demut auf die Knie nieder, weil wir in unserer Ignoranz das weise Wirken des kosmischen Meisters übersehen haben.

Jeden Tag werden wir reich beschenkt, um Ihn in uns erleben oder in der Welt bewundern zu dürfen. Das heißt jedoch nicht, dass wir nur als

Bewunderer Seiner Genialität gedacht sind, sondern zu Mitschöpfern Seines Werkes heranreifen. Diesen wesentlichen Schritt gehen wir, indem wir die Verantwortung für das fühlen, was in uns lebendig ist, indem wir dem folgen und uns ihm ganz und gar hingeben. Sich einzig und allein für Seine Herrlichkeit zu öffnen, ist jedoch noch nicht genug. Nur indem wir Seine Herrlichkeit mit einem reinen Herzen in die Welt bringen und Er sich durch uns zum Ausdruck bringt, schließen wir den göttlichen Kreislauf.

Selbstverantwortung, Demut und Hingabe sind Qualitäten eines reinen Herzens und die Folge einer gereiften Innenschau, die die Grundlage des geistigen Lebens bildet. Und die Innenschau birgt das Entdecken in sich, dass alles richtig ist, was uns widerfährt, und die Klarheit darüber, dass unser Wirken in der Welt notwendig ist – sie birgt Selbstliebe, Gottesliebe und Nächstenliebe in sich.

Geistiges Leben und Erleben sind erfüllt von Liebe, daher können wir als Menschen, die sich einem spirituellen Weg innerlich verpflichtet fühlen, im Grunde gar nicht anders als lieben.

∞ ∞ ∞

Fühle die Liebe zu dir selbst,
fühle die Liebe, die dir geschenkt wird
und die du schenkst.
Du darfst dich reich beschenken lassen,
du darfst reich beschenken.
Erlaube dir, Fülle zu leben.

∞ ∞ ∞

Du bist ein Geschenk

Kannst du dein Leben als Geschenk, als etwas Gottgegebenes annehmen? Dich wie ein kleines Kind daran erfreuen? Erkennst du die Einzigartigkeit und Kostbarkeit deiner Seele? Hörst du auf ihren Ruf?

Unser Leben ist ein wertvolles Geschenk und eine Einladung, uns zu schenken – auch andere durch unser Dasein zu beschenken. Wenn wir tiefe Dankbarkeit für unsere Existenz empfinden und unser Leben mit der Liebe unseres Herzens gestalten, dienen wir nicht nur uns, sondern auch allen anderen.

Es hat einen Sinn, dass wir genau zu dieser Zeit

auf der Erde inkarniert sind. Wir bringen alles mit, um diesen Planeten zu achten und ihn durch unser Dasein zu schützen, zu bereichern.

Du bist ein Geschenk, „nur“ weil du hier bist, so wie du bist.

Wach auf, Seele!

Lebe so, wie es dir gefällt

Ist das, was du lebst, wirklich das, was du möchtest?

Gehe in deine Wohnung und frage dich: „Will ich hier leben?“ Gehe in dein Büro und frage dich: „Will ich hier arbeiten?“ Schau in deinen Kühlschrank und frage dich: „Ist dort alles, was ich brauche und mir schmeckt?“ Schau auf deine Freunde und frage dich: „Umgebe ich mich mit Menschen, die gut für mich sind?“

Stell dir die Fragen und erkenne immer mehr, ob du so lebst, wie es deinem Herzen guttut.

Wenn du unglücklich mit deiner Situation bist, dann besinne dich auf deine schöpferische Kraft, die es dir ermöglicht, deine Lebenssituation völlig zu verändern.

Wir sind eingeladen, Mitschöpfer zu sein. Daher lebe das Leben, das dich nährt. Du brauchst auf nichts zu warten.

Sag Ja zu dem, was in dir ruft

Ruhe, Gelassenheit und Leichtigkeit können in uns einziehen, wenn wir erfahren, dass unser Herz alles weiß, was für unser Leben wichtig ist. Es geht lediglich darum, den Geist immer wieder ruhig werden zu lassen, um mit dem zu sein, was in uns ist.

Viele versuchen, ihre seelische Aufgabe zu definieren. Doch um unsere Aufgabe zu erfüllen, ist es notwendig, diese Definitionen immer wieder loszulassen. Nur so kann uns unser Herz darüber informieren, was jetzt in diesem Moment wichtig ist. Dann beginnen wir, dem zu folgen, was in uns ruft. Auch in der äußeren Welt. Aber wir blicken dabei nicht auf die äußere Welt, sondern nach innen. Wir versuchen, diesem Quell des Lebens, aus dem alles hervorgeht – all die Ideen, die durch uns manifest werden dürfen –, so nah wie möglich zu sein.

Wer oder was gestaltet unser Leben?

Gibt es so etwas wie eine innere Stimme, die uns den Weg weist? Ist die Stimme, die wir in uns vernehmen, die Stimme Gottes oder resultiert sie aus unseren Glaubenssätzen, gesellschaftlichen Normen und unserem Erziehungssystem?

Welcher Stimme in uns können wir vertrauen? Manche sagen, wenn sie die innere Stimme hören, dann fühlen sie Stimmigkeit. Was ist das für ein

Gefühl? Alles ist stimmig, was zum Konzept unserer Welt passt.

Können wir Wahrhaftigkeit am Grad unserer inneren Berührung erkennen? Möglicherweise suchen wir so die Wahrhaftigkeit in unserer Emotionalität. Doch Emotionen kommen und gehen. Und je nachdem, wie wir denken, fühlen wir. Ist mein Gefühl dann wahrhaftig?

Woran können wir uns halten, wenn sich alles permanent verändert?

Wer sind wir, wenn sich alles permanent verändert? Es braucht Mut, um sich solche Fragen zu stellen – ein bisschen Mut, aber vor allem Unterscheidungsvermögen!

Gestalte deine Wirklichkeit

Wenn es dir gelingt, deine Aufmerksamkeit auf den Atem zu legen, darf alles einfach so sein, wie es ist. Nichts wird ausgeschlossen, nichts bevorzugt.

Die mühelose Konzentration auf deine Atmung hilft dir, auf deinen Geist zu blicken, dich im Hier und Jetzt zu verankern und dich für die Unmittelbarkeit des Augenblicks zu öffnen.

Verbindest du dich mit Situationen, Bildern, Gedanken und Sinnesreizen, kannst du merken, wie alles in dir darauf reagiert. Womöglich folgen weitere Gedanken, weitere Emotionen tauchen auf und dein Körper antwortet je nach Inhalt und

Interpretation mit Spannung oder Entspannung. In dem Augenblick kreierst du deine Wirklichkeit, dein Hiersein.

Es geht nicht darum, dass du keine Gedanken, Emotionen, Gefühle oder körperlichen Empfindungen mehr haben sollst. Sondern du nimmst alles wahr, was in diesem Augenblick gerade ist, ohne es zu bewerten. Du wirst dessen gewahr und nimmst es unmittelbar in Empfang – ohne dich damit zu verbinden.

Du musst sehr wach sein, um mitzubekommen, was in dir geschieht. Achte auch immer wieder darauf, was sich verändert, wenn du die Verbindung zum Atem verlierst und Gedanken dich in ihre Welten hineinziehen. Was geschieht dabei mit deinem Gewahrsein?

Der Atem ist ein wunderbares Instrument, um deine inneren Räume zu entdecken. Diese Atempraxis ist sehr fein und unglaublich tief. Sie hilft uns dabei, unseren eigenen Geist zu ergründen. Wenn du das übst, kannst du erleben, wie du deine eigene Welt permanent selbst gestaltest!

Und je nachdem, wie du deine innere Welt kreierst, kommt von außen zu dir, was dem entspricht. Meist sind wir überrascht, was uns begegnet, weil uns das Verständnis dafür fehlt, wie wir es angezogen haben. Dann versuchen wir es im Äußeren wieder zu verändern, verstehen aber häufig nicht, dass wir uns innerlich immer wieder selbst dafür entscheiden.

∞ ∞ ∞

Je berührter du bist, desto lebendiger wirst du.
Kehre immer wieder zu dem ursprünglichen Impuls
in dir zurück und fühle. Du wirst merken,
die Seele bringt sich über den Körper zum Ausdruck.
Sie darf endlich sein. Indem sie sein darf, heilt sie.

∞ ∞ ∞

Gehe dorthin, wo alles beginnt

Alles Leben entspringt dem Grund unseres Herzens, dem Grund unserer Seele. Alles hat dort seinen Anfang.

Oft verbinden wir uns mit dem Impuls und dann fügen wir etwas hinzu, versuchen etwas zu verdrängen und kreieren immer mehr unsere eigene Wirklichkeit. Wir entfernen uns von diesem Ursprung und distanzieren uns von uns selbst. Dann versuchen wir, uns in dieser persönlichen Wirklichkeit zurechtzufinden, wir bauen unsere Sicherheiten auf.

Sobald wir beginnen zu meditieren, sind diese Sicherheiten bedroht. Die persönliche Wirklichkeit hat immer weniger Bestand. Wir verlassen bei der Meditation den gewohnten, kreierten Bereich.

Indem wir all unsere Gedanken und Gefühle in uns wieder lebendig werden lassen und sie zum Ursprung zurückverfolgen, nähern wir uns wieder diesem heiligen Ort. Wir kehren zu dem Ort zurück, an dem alles seinen Anfang hat.

Der Weg der Verwirklichung ist ein Weg unendlich vieler Anfänge.

∞ ∞ ∞

Wir können nicht mit derselben Sichtweise, die
ein Problem hervorgerufen hat, das Problem lösen.
Damit verschieben wir ein Problem nur innerhalb
unseres Systems, aber das ist keine Heilung.
Heilung kann nur geschehen,
wenn wir über unser eigenes Konzept hinausgehen.

∞ ∞ ∞

Betrete den Raum des Herzens

Wenn du dich auf den Atem konzentrierst, bleibt weniger Raum für andere Gedanken. Du schaffst

Raum und Achtsamkeit für das, was dein Körper zu dir spricht.

Der Körper ist in meinen Augen das Fahrzeug der Seele hier auf Erden. Er ist ganz ehrlich in seiner Kommunikation, er kennt nur ein Ja und ein Nein.

Wenn es uns um den tiefsten Seins-Zustand geht, also um den Zustand jenseits aller gedanklichen Konzepte, um die Verbindung zu unserer wahren Natur, ist es gut, den Körper zu nutzen. Der Körper gewährt einen Zugang zu unserer Seele und lässt uns erspüren, wonach sich die Seele sehnt. Wenn wir uns erlauben, diese Sehnsucht zu spüren, bemerken wir, wie der Körper die Sehnsucht bejaht.

Wo der Körper undurchlässig oder starr ist, darf ein Teil von uns nicht lebendig sein, zumindest nicht in dem Maße, wie er es könnte. Geistige Strukturen und Unerlöstes, das auf unserem Herzen liegt, halten uns davon ab.

Das heißt, wir wählen die Verbindung zum Körper, die Kraft der Aufmerksamkeit, um wieder zu diesem Ja unseres Körpers, zu dieser Sehnsucht vorzudringen. Dort begegnen wir dann auch den mentalen Konzepten und zahlreichen Glaubenssätzen, die es zu transformieren gilt, damit sie dem Herzen gerecht werden können – denn der Geist soll zum Diener des Herzens werden. Es ist immer wieder eine Herausforderung, das Herz König sein zu lassen.

Das Herz kennt keine Dualität, der Verstand schon. Wie können wir in dieses Herz vordringen, wo sich Positives und Negatives vereinen? Können wir beim

Meditieren in einen Zustand gelangen, in dem wir positive Gefühle genauso zulassen wie vermeintlich negative? Gibt es einen Ort, wo wir aufhören, alles, was in unserem Geist auftaucht, zu werten? Wo wir weder bewerten noch vergleichen, sondern einfach annehmen, aufnehmen, fühlen, was da ist? Sobald wir das tun, verlagern wir uns in unser Herz.

Und genau dort kann sich etwas öffnen. Dort befindet sich die Tür zu einer unendlichen Welt.

Wenn wir meditieren, verweilen wir so lange in Stille, bis diese Tür zu unserem Herzen aufgeht. Dann dringen wir immer weiter vor in eine Welt der Wunder und der Schönheit, die wir ergründen dürfen.

Genau dort, in diesen unendlichen Weiten des Herzens, finden wir all unsere geistigen BegleiterInnen. Dort fühlen wir uns zutiefst mit ihnen verbunden. Dort finden wir alle, die in Liebe miteinander sind, die bewusst in Liebe leben. Das Herz ist eigentlich der einzig reale Platz, den es überhaupt gibt. Der einzige Ort, der Bestand hat, obwohl dort alles so lebendig ist und sich permanent verändert. Erlaube dir, die Welt der Dualität zu verlassen, die Welt des Denkens und Wertens, des Vergleichens und Interpretierens. Verlasse Vergangenheit und Zukunft und spüre, was in deinem Herzen ist.

Erlebe unmittelbar, was jetzt ist. Gedanken kommen und gehen, Emotionen kommen und gehen ... Es ist, was es ist, lebendig in seinem Auftauchen, erlebbar im Körper, einzigartig. Nach Dogen Zenji, einem herausragenden Zen-Meister, ist jede Existenz wie ein Aufblitzen in der unermesslichen Welt der Erscheinungen. Diese Weisheit des Herzens können wir nur verstehen, wenn wir uns auf diesen Ort einlassen und ihn erfahren.

Wenn du das Gefühl haben solltest, dass du diesen unendlich weiten Raum nicht betreten kannst, dass die Tür für dich verschlossen ist, dann kannst du einfach einen Schritt weitergehen, indem du jemanden rufst, der sich bereits in diesem Raum befindet. Du kannst jeden Meister der Liebe rufen und dich von Weisheit zu Weisheit, von Liebe zu Liebe, von Kraft zu Kraft mit ihm verbinden. Du kannst dir helfen lassen, die Tür des Herzens zu öffnen. Du musst das nicht allein tun. Dann lass dich lebendig sein, du spürst dich, du nimmst dich in dem an, was da ist.

Achte auf deine Umgebung

Wenn sich unser Herz zu öffnen beginnt, dann ist es wie eine Blüte, die gerade aufgeht. Damit sich die Blüte weiter entfalten kann, braucht sie eine geeignete Umgebung.

Überlege dir, was du mit einer jungen, zarten Blume machst? Du stellst sie vermutlich nicht hinaus in den Sturm, sondern du passt auf sie auf, du pflegst und stützt sie.

Wählst du Menschen und Orte, die das fördern, was du in diesem Leben verwirklichen möchtest?

∞ ∞ ∞

Auf dem inneren Weg geht es nicht darum,
etwas zu schaffen, sondern im Geist zu sein.
Die Ausrichtung liegt im Sein, nicht im Tun.
Was durch unser Sein geschieht, sehen wir dann.

∞ ∞ ∞

Es gibt nichts zu tun

Meditation ist das Natürlichste und Leichteste.

Und doch ist es so kompliziert, diese Natürlichkeit in uns zu berühren. Weil wir etwas anderes gelernt haben. Vor allem haben wir gelernt, viel zu tun, in der Hoffnung, dass wir dadurch irgendwann „sind". Das ist paradox.

In der Meditation geht es nicht darum, dass wir etwas tun, sondern dass wir uns und die Dinge sein lassen, wie sie sind.

Je weniger wir beim Meditieren tun, desto besser, um nicht die gewohnte Aktivität wieder einzuladen, bei der unser kleiner Geist uns sagt, dass wir nicht „richtig" sind, nicht genügen. Er sagt uns, wir müssten besser sein, um wirklich sein zu können.

Das ist ein Kreislauf in unserem kleinen Geist,

der Wiederholung verursacht. Und die Praxis der Meditation hilft uns, aus diesem Kreislauf auszusteigen. Die Meditationspraxis erzeugt so viel Licht, dass sie uns hilft, einen Ausweg aus diesem Kreislauf zu finden. Und dann folgen wir diesem Licht, das den Weg aus dieser Begrenzung heraus erhellt.

Das Herz ruft danach, es sehnt sich zutiefst danach, diesen Ausweg zu finden.

Das Herz weiß, wo es beheimatet ist. Das Herz kennt das Zuhause.

Wenn wir diesem Ruf folgen, trennen wir uns nach und nach von unserer Geschäftigkeit und entwickeln eine ganz andere Art, die Welt zu begreifen. Einen Zustand, in dem wir uns sein lassen.

Wir können diesen Wechsel im Rahmen der Meditationspraxis immer wieder erleben. Und die Übung besteht darin, so häufig zu meditieren, dass wir über immer längere Zeiträume in diesem unendlich weiten Raum des Seins verweilen, in dem wir uns selbst finden können.

∞ ∞ ∞

Je ruhiger der Geist und je stabiler

die Verbindung zum Atem wird,

desto bessere Bedingungen schaffen wir dafür,

dass aus der Tiefe unseres Herzens Leben aufsteigen darf,

um sich uns zu offenbaren.

Und was sich uns offenbart,
ist pures Leben in all seiner Reinheit!
In dem Augenblick darf das Leben so sein, wie es ist,
wir dürfen so sein, wie wir sind,
wir sind absolut authentisch und wir selbst.

∞ ∞ ∞

Begegne deiner eigenen Weisheit

∞ ∞ ∞

Die Regungen der Seele sind das
Kostbarste, was wir haben.
Sie sind die dynamischen Impulse Gottes in uns.
Sie heilen uns, nähren uns und
lassen uns in Bewegung sein.

∞ ∞ ∞

Sei offen für die Regungen deines Herzens

Je tiefer unsere Verbindung zum Atem wird, desto mehr bereiten wir den Weg dafür, dass der Geist zur Ruhe kommt und unsere Seele mit all ihrer Weisheit zu uns sprechen kann.

Beginnen wir, unsere Seele zu ergründen, treffen wir auf viele Erinnerungen, die sie in sich trägt: viel Positives, Erfahrenes und Gewusstes, das wieder wach werden darf, möglicherweise auch viel Schmerzhaftes, das erlöst werden möchte.

Die Verbindung zum Atem hilft uns zu beobachten, was in uns ist. Sind es flüchtige Gedanken, vorübergehende Emotionen? Tiefe Gefühle oder Regungen unserer Seele?

Achte auf die feinen Regungen in dir. Erwarte

keine großen Visionen oder eine allwissende Stimme, die zu dir spricht – falls dir das dient, wird es dir begegnen.

Finde Freude an den sanften Regungen, die in deinem Herzen wahrgenommen und gespürt werden möchten. Die Regungen unserer Seele haben eine tiefe Qualität, die wir nicht als Erscheinungen abtun können wie manche Gedanken. Wenn wir diese Regungen abtun, ist es so, als würden wir uns selbst, unsere Einzigartigkeit, unsere Individualität leugnen. Dies kostet uns eine Menge Kraft und eine gewaltsame Geisteskontrolle, die unsere Lebendigkeit unterdrückt. Die Regungen sind reine Herzenskraft, deren Ursprung Liebe ist.

Widme dich dem, was in dein Leben kommen möchte

Ist unser Geist offen, kann unser Herz lebendig sein und bleiben. Im Feld der Akzeptanz können wir uns selbst ergründen.

Gehe mit deiner Aufmerksamkeit durch deinen Körper und erfühle die blockierten Bereiche. Lege deine Hände auf diese Bereiche deines Körpers und fühle in deine Handflächen, höre und sehe dort hinein, als würde deine Hand diese Bereiche durchleuchten. Deine Hand hat eine eigene Intelligenz, um wahrzunehmen.

Was kannst du fühlen, hören, sehen? Welche Sätze

oder Worte tauchen auf? Welche Menschen erscheinen vor deinem geistigen Auge? Was zeigt sich spontan? Was ist am lautesten in dir? Was möchte gehört, gefühlt, gesehen werden und in dein Leben einziehen?

Und frage dich, ob du bereit bist, das, was in dein Leben kommen möchte, überhaupt zuzulassen. Lässt du es zu, dass dieser Bereich heilen darf? Gibt es ein klares Ja? Erlaubst du dir, das zu leben, was du eigentlich schon weißt? Sobald du es zulässt, spürst du sofort einen positiven Effekt auf deinen Körper.

Dann atme in diesen Bereich deines Körpers hinein. Erlaube dir, dich bei jedem Ein- und Ausatmen zu fühlen, und sprich dabei in Gedanken folgenden Satz: „Bei jedem Einatmen nehme ich auf, was da ist – und bei jedem Ausatmen gebe ich mir die Möglichkeit, es auch wieder loszulassen." Du schaffst Raum und nimmst wahr, ob sich dieser Bereich durch das bewusste Hineinatmen verändert.

Lass den Atem sich immer mehr ausdehnen, sodass er sich nach und nach im gesamten Körper verteilt.

Du wirst feststellen: Je ruhiger dein Geist wird, desto tiefer kannst du blicken. Und in dieser vertieften Schau kannst du verstehen. Dort – in diesen Tiefen – findest du die Antworten auf deine Fragen.

Lass dich von deinem Herzen bewegen

Starte deine Meditation, indem du darauf achtest, wie es dir geht, was dich beschäftigt und wie sich dein Körper dabei anfühlt.

Spüre, wie die Themen, die dich in den letzten Tagen und Wochen begleiten, mit deinem Körper verbunden sind. Nimm einfach nur wahr.

Dann wende dich deinem Herzen zu und fühle, wonach du dich sehnst.

Vielleicht kennst du das: Wenn dich etwas tief im Herzen bewegt, wenn du deiner Sehnsucht nah bist, dann hast du Kraft und bist hellwach. Dein Körper lädt sich energetisch auf und du lebst mit Leichtigkeit das, was für dich bedeutend ist.

Sei dir klar über diese Verbindungen und dass du sie nutzen kannst, um den Körper zu stärken, möglicherweise auch zu heilen und um ein kraftvolles Leben zu leben. Kraftvoll insofern, dass du deinen Wünschen und tiefen Sehnsüchten bei dem, was du lebst, folgst.

Bemerke, wonach sich dein Herz sehnt, wo es dein Herz hinzieht.

Erlaube deinem Herzen, sich mit dem zu verbinden, womit es sich wohlfühlt und wonach es sich sehnt – was auch immer es sein mag. Vielleicht ist es ein ganz ruhiger, wunderschöner, kraftvoller Ort, vielleicht zieht es dich zu bestimmten geistigen Wesen, zu bestimmten Menschen. Erlaube dir, innerlich dorthin zu gehen, und spüre, was in deinem Körper geschieht, wenn du das tust.

Womit auch immer du in Verbindung bist, bleibe nicht in einer äußeren Projektion, sondern spüre es in deinem Herzen. Erlaube dir, deine Tiefe zu fühlen, die du an diesem Ort, in dieser Verbindung, vielleicht mit diesen Personen leben kannst, und achte auf die Qualität in deinem Herzen. Erlaube dir, am Punkt der tiefsten Berührtheit weiterzugehen, dich immer weiter und tiefer einzulassen. Gehe von Berührung zu Berührung, immer weiter und tiefer in dich selbst hinein, so als würdest du dein eigenes Herz immer mehr erwecken.

Verbinde dich mit dem, was Raum bekommen möchte – mit den Qualitäten, die dich berühren: Liebe, Freude ... In deinem Herzen sind all diese Qualitäten zu finden, von dort aus kommen sie in dein Leben.

Wo es lichtvoll und leicht wird, wo Freude, Liebe und Dankbarkeit in deinen gesamten Körper einziehen, bist du deinem Herzen ganz nah. Da bist du auch dem nah, was du wirklich bist. Und dieses Erkennen dringt tief in deinen Körper und deinen Geist ein. Ein solches Erleben erleuchtet deinen Geist.

Der Tanz des Lebens

Meditation ist pures Sein. Nichts existiert außerhalb von uns. Alles Leben wird permanent, von Moment zu Moment, in uns hervorgebracht.

Ein Gedanke braucht nicht unsere Erlaubnis, um aufzutauchen. Er ist einfach da. Woher kommt dieser Gedanke? Wohin geht er? Wir stoppen oder unterdrücken die Gedanken nicht, wir füttern sie aber auch nicht, wir lassen sie einfach. Wir schenken ihnen Raum.

Wir können nur sein, wenn wir uns und den Dingen Raum schenken, wenn wir aufhören, uns anders haben zu wollen, als wir sind. Wir achten immer wieder auf das Leben in uns, in unserem Körper, weil es nur dort zu finden ist.

Spüre den Atem, bemerke, wie er einströmt, und lasse zu, dass er sich mit der Wirbelsäule verbindet. Du wirst merken, es geschieht einfach. Du musst nichts tun. Du lässt ihn einfach dort sein und sich mit der Wirbelsäule zusammen bewegen. Das ist wie ein Tanz von Atem und Wirbelsäule. Du wirst merken, zunächst tanzt jeder seinen eigenen Tanz und irgendwann verbinden sich beide miteinander. Sie vereinen sich. Und das kannst du dann als Strom im Rückgrat fühlen. Du lässt diesen Tanz einfach in dir zu. Du tanzt mit dem Leben selbst, das Leben darf dich tanzen.

Je mehr das Leben im Rückgrat sein darf, desto leichter und freudiger wird es in dir. Wenn es nicht leicht wird, dann nimm das an, was ist, und lass es als Leben in dir zu. Es ist Leben. Traurigkeit ist nicht weniger Leben. Wut ist nicht weniger Leben. Hass und Ärger sind nicht weniger Leben. Selbst die Erschöpfung und die Müdigkeit dürfen mittanzen. Alles darf mittanzen.

Bemerke, dass jemand all diese Lebendigkeit, den Tanz des Lebens gewahr wird. Es ist der mitfühlende Zeuge, der dieser tanzenden Energie Raum schenkt.

Das Leben findet dich

Entspanne ganz bewusst deinen Körper und wähle die Verbindung zum Atem, sodass sich dein Geist wirklich beruhigen kann. Öffne dich innerlich für das, was momentan in dir lebendig ist, was in deinem Geist auftaucht: für all die Körperempfindungen, Bilder, Emotionen, Gefühle.

Du bist gewahr, dass du sitzt. Du bist gewahr, wenn ein Gedanke kommt. Du bist gewahr, dass du atmest. Du bist gewahr, dass dein Herz schlägt ...

Je mehr es dir gelingt, alles einfach wahrzunehmen und den Körper dabei entspannt sein zu lassen, desto mehr bekommst du ein Gefühl für das Wahrnehmen selbst. Dieses Gefühl des Wahrnehmens führt dich in die Tiefe deines eigenen Herzens. In dieser Tiefe begegnest du der Lebendigkeit deiner Seele.

Erlaube dir, immer mehr ein Gefühl für dieses erweiterte Wahrnehmungsfeld zu bekommen. Das Gewahrsein ist still, friedlich, es lässt Leben zu. In der Stille kann wahrhaftiges Leben sein. Du wählst die Stille und das Leben findet dich. Hingabe heißt, die Stille zu wählen, das Leben in dir sein zu lassen. Überall, wo das Leben sein darf, fließt die Energie im Körper.

Es ist sehr weise, die Stille zu wählen. Die Stille hat keine Kontrolle über die Gefühle. Sie lässt jedes Gefühl sein. Die Stille hat auch keine Kontrolle über die Gedanken. Wenn wir sie im Raum der Stille auftauchen lassen können, finden sie ihren Platz. Wenn wir meditieren, vertrauen wir auf die transformative Kraft der Stille.

Es ist auch die Stille, die uns für die Liebe in unserem Herzen öffnet, weil sie uns annimmt, wie wir sind, weil sie uns umarmt mit allem, was in uns ist.

∞ ∞ ∞

Wir sind auf unserem inneren Weg
nicht schneller, wenn wir uns hetzen.
Ganz im Gegenteil!
Wir verlangen dann lediglich von uns und
dem Leben etwas, was gerade nicht ansteht.

∞ ∞ ∞

Vertraue deinem Tempo

Öffne dich für das, was in dieser Phase deines Lebens ansteht – was es zu lernen, zu genießen und zu vertiefen gibt.

Du brauchst nichts zu forcieren. Aber du kannst dich in einer freudigen Gespanntheit und Wachheit für das öffnen, was in dein Leben kommen will.

Vertraue darauf, dass es für alles einen richtigen Zeitpunkt gibt und dass du zur rechten Zeit am richtigen Ort bist, wenn du deinen Weg in deinem eigenen Tempo gehst.

Spüre dein Tempo.

∞ ∞ ∞

Wir hoffen immer, dass andere uns lieben, dass
die Beziehung zu anderen funktioniert und erfüllt ist.
Wir arbeiten an unserer Partnerschaft, an der Beziehung
zu unseren Eltern, Geschwistern und Kindern.
Aber warum klären wir nicht zuerst
die Beziehung zu uns selbst?

∞ ∞ ∞

Pflege die liebevolle Beziehung zu dir selbst

Erlaube dir, für diesen Moment all die Rollen, die du im Leben spielst, loszulassen – die Rolle als Mutter oder Vater, als Frau oder Mann, als Partnerin oder Partner, als Kind deiner Eltern ...

Was bleibt von dir übrig, wenn du all diese Rollen, die du in deinem äußeren Leben spielst, von dir abstreifst? Wer bist du, wenn du dich nicht mehr über eine Rolle definierst?

Wir führen so viele unterschiedliche Beziehungen. Immer wieder versuchen wir, uns in Beziehungen zu finden. Was passiert, wenn wir all das loslassen und in die Beziehung zu uns selbst gehen?

Häufig trauen wir uns gar nicht zu sagen, dass wir selbst der wichtigste Mensch in unserem Leben sind, weil wir denken, es sei egoistisch. Wenn man uns fragt, nennen wir meist den Partner oder die Kinder. Aber warum sollten wir uns nicht selbst zum wichtigsten Menschen in unserem Leben ernennen? Wir können andere Menschen nur in dem Maße wahrhaftig lieben, wie wir uns selbst lieben. Je tiefer wir das begreifen und uns in Selbstannahme üben, desto mehr stellen wir fest, dass sich das Konzept von Innen und Außen immer mehr auflöst – es gibt kein Außen, keine Trennung, alles geschieht in unserem Herzen. Können wir nicht annehmen, was in uns lebendig ist, können wir auch die anderen Menschen nicht annehmen, wir können sie nicht verstehen, nicht mit ihnen mitfühlen, geschweige denn sie lieben.

Jemand anderen zu lieben bedeutet, die Regungen in mir selbst anzunehmen, mich selbst zu lieben und zu achten.

Prüfe die Beziehung zu dir selbst! Wer bist du? Wie geht es dir? Was bewegt dich? Was macht dich traurig? Was macht dich wütend? Was lässt dich verzweifeln? Was macht dir Freude? Wer ist dieser Mensch, mit dem du jeden Tag 24 Stunden auskommen musst ... oder darfst?

Erlaube dir den Gedanken, dass du jetzt der wichtigste Mensch bist. Der Mensch, der deine Aufmerksamkeit, Achtsamkeit, Zuneigung und Liebe bekommt.

Erlaube dir, in Beziehung mit dir selbst zu sein. Spüre dich!

In welcher Phase deiner Entwicklung befindet sich deine Seele gerade? Welchen Herausforderungen hast du dich zu stellen? Was darfst du entwickeln, weil es deine Situation möglicherweise von dir fordert? Vielleicht lädt sie dich dazu ein, eine bestimmte Qualität des Herzens zu entwickeln? Vielleicht unterrichtet dich deine Lebenssituation gerade in Demut oder Hingabe? Vielleicht geht es darum, zu dir zu stehen, dich zu positionieren, ehrlich zu sein ...?

Spüre! Und nimm immer deinen Körper als Zugang zu den Antworten. Dein Körper zeigt dir so klar und ehrlich, wo deine Herausforderungen liegen. Wenn er zum Beispiel blockiert ist: Was darf nicht sein? Was kann noch nicht sein? Und dann gehe tiefer und berühre diesen Bereich, der lebendig werden möchte, mit deiner Aufmerksamkeit. Erlaube dir, diesen Teil von dir in Empfang zu nehmen.

Dieses In-Empfang-Nehmen ist ein Akt der Selbstliebe. Du lässt dich selbst zu, das, was lebendig sein möchte. Erlaube dir, nichts zurückzuhalten – egal, was es ist. Vielleicht bist du in deinem Vertrauen erschüttert oder du bist traurig – es ist gut, dich damit anzunehmen und es zuzulassen. Wenn du auf diese Weise mit dir selbst bist, kannst du feststellen, dass es gar keinen Sinn ergibt, dir selbst etwas vorzumachen.

Nimm wahr, ob du dich umarmen kannst, so wie du jetzt gerade bist. Achte darauf, wo es dir gelingt, und auch darauf, wo du dich selbst ablehnst, und spüre, was du ablehnst, was du zurückweist. Im Zurückweisen darf etwas nicht sein. Vielleicht kannst du dir etwas nicht verzeihen? Versuche es wahrzunehmen.

Wenn wir die Selbstliebe in uns nicht zulassen, suchen wir im Außen nach dieser Liebe, und wir stellen alles Mögliche an, um sie zu bekommen.

Erinnere dich an die Liebe, die bereits da ist, ohne dass du etwas tun musst, ohne dass du dich ändern musst. Erlaube dir, dich so zu lieben, wie du jetzt gerade bist.

∞ ∞ ∞

Erlaube dir, dich nicht anders
haben zu wollen, als du bist.

∞ ∞ ∞

Transformation durch mitfühlende Selbstannahme

Oft wollen wir uns nicht so haben, wie wir sind, aber dieses Nicht-haben-Wollen verändert nichts. Möglicherweise schämen wir uns und lehnen uns ab, aber diese Ablehnung ist keine Transformation, sondern ein Ausdruck mangelnder Selbstliebe, die keine Entfaltung zulässt.

Wenn wir starre Denkmuster in uns haben, dann beharren wir unbeweglich auf einem Standpunkt. Entsprechend werden wir uns fühlen und der Körper wird darauf reagieren.

Es braucht das Licht unseres Bewusstseins, wenn wir starre Denkmuster verändern wollen.

In der Meditation lernen wir, immer gütiger und gnädiger mit uns selbst zu sein. Wach, klar, bereit für Veränderung, für Entfaltung.

Du kannst dir sagen: „Ich nehme mich an, so wie ich im Augenblick gerade bin. Mit all meinen

Stärken und Schwächen, mit all der Fülle oder mit all dem Mangel, der gerade da ist. Ich muss nicht anders sein, als ich bin. Ich darf mitfühlend sehen, was ist."

Dann erlaube dir, die Verbindung mit dir selbst noch intensiver werden zu lassen: Spüre, ob aus der Formulierung „Ich nehme mich an" möglicherweise ein „Ich liebe mich" entstehen darf. Sage es dir selbst und achte darauf, was sich zeigt. Nimm auch wahr, wofür du dich möglicherweise nicht lieben kannst: weil du gescheitert bist, nicht ehrlich warst, manipuliert hast, Macht ausgeübt hast ...

Du kannst nicht heilen, wenn du dich dafür ablehnst oder bestrafst. Es lebt in deinem Unterbewusstsein weiter und findet immer wieder seinen Weg an die Oberfläche, in dein Leben.

Erlaube dir, es mitfühlend zu sehen.

Sei ganz ehrlich zu dir selbst.

Du musst nicht besser, schneller, perfekter sein, als du bist.

Erlaube dir, dich in allem anzunehmen.

Deine tiefe Selbstannahme ist der wesentliche Schritt für deine Heilung.

∞ ∞ ∞

Solange wir damit beschäftigt sind,
das Göttliche zu suchen, werden wir es nicht finden.
Die Suche selbst steht dem Erfahren
des Göttlichen im Weg.
Das Göttliche ist hier und jetzt.

∞ ∞ ∞

Alles ist in dir

Häufig suchen wir Gott außerhalb von uns, dabei ist er in uns und wartet darauf, erkannt zu werden. Kannst du dich selbst, so wie du hier sitzt, sein lassen? Ohne dich zu kritisieren oder verbessern zu wollen? Kannst du dich für das umarmen, was du bist? Du musst nichts ändern. Du musst nichts erklären. Fühle, betrachte.

Erlaube dir, das, was in dir ist, zuzulassen: Schmerz, Traurigkeit, tiefe Gefühle der Dankbarkeit, Liebe, Freude, was auch immer da sein mag – mit der Einstellung, dass alles da sein darf.

Es gibt so viele Facetten des Menschseins zu entdecken, so viele Qualitäten der Liebe zu ergründen. Entdecke den traurigen, freudigen, wütenden, demütigen, hingebungsvollen oder liebevollen Menschen, der du gerade bist. Wen darfst du jetzt kennenlernen? Wer sitzt hier? Erzähle dir von dir selbst. Du bist leise, du gibst dir Raum und dein Innerstes spricht zu dir. Wenn du traurig bist, erzählt es dir von deiner Traurigkeit.

Gib dem Gefühl, das in dir vorherrscht, Raum. Was in dir schmerzt? Was freut sich? Was ist in Liebe? Beginne mit dir selbst zu kommunizieren, mit der wichtigsten Person in deinem Leben.

Die interessanteste Person in deinem Leben bist du selbst.

In dir ist all das Licht, nach dem du dich sehnst. Es ist nicht außerhalb von dir, es ist in deinem Herzen. Du kannst Gott nicht außerhalb von dir selbst finden, das geht nicht. Und alles, was du nicht annehmen kannst, steht dieser Göttlichkeit im Weg.

Kümmere dich um diese Person, sodass sie zu strahlen beginnt, sodass dir all die Liebe zufließt, die du brauchst. Kümmere dich genau um diese Person, die permanent versucht, mit dir zu kommunizieren. Sie kommuniziert über die Ängste, über die Wut, über die Ungeduld ... Kannst du dich in deiner Angst, Wut, Traurigkeit oder Ungeduld annehmen?

Diese Person, die du entdeckst, will in Göttlichkeit erstrahlen, in ihrer Göttlichkeit erkannt werden. Schaue, dass es dieser Person gut geht, dass sie alles, was ihr Licht verdeckt, wieder ablegt und beginnt zu erstrahlen. Sodass es leuchtet, wenn du in dich hineinsiehst.

∞ ∞ ∞

Meditation ist eigentlich nichts anderes
als ein Termin mit dir selbst.
Du freust dich, dir selbst zu begegnen,
und genießt dich selbst.

∞ ∞ ∞

Der vertrauensvolle Austausch mit dir selbst

Fühle, was gerade in dir da ist. An welchem Punkt startest du deine Reise nach innen?

Ist es Leichtigkeit, Freude, Schmerz, Traurigkeit, Wut? Was beschäftigt dich am meisten? Welche Gefühle oder welche Themen nehmen am meisten Raum ein? Was begleitet dich bei der Arbeit, möglicherweise in deinem Schlaf, in deiner Meditation? Was auch immer da sein mag, gib dir Zeit, es zu fühlen. Kannst du benennen, was dich innerlich beschäftigt, heute, in den letzten Tagen, möglicherweise in den letzten Monaten?

Erlaube dir, dich selbst zu betrachten. Begegne diesem Menschen in dir. Schaue ihn dir genau an. Ist es ein inneres Kind, eine innere Frau, ein innerer Mann? Wen erblickst du? Ist es ein fröhlicher, liebender, springender, genießender Mensch? Ist er traurig? Einsam?

Wie ist deine Körperhaltung? Wie ist dein Gesichtsausdruck? Wie bist du gekleidet? Wo bist du? Schaue dir zu, schaue dich an. Hast du die Fähigkeit, ehrlich hinzuschauen? Du musst dich nicht verändern. Du musst dir selbst keine schlauen Ratschläge geben, du musst dich nicht verbessern. Aber definitiv der erste und wichtigste Schritt ist, diese Person zu sehen. Sie möchte gesehen sein. Mit anderen Worten: Die Angst, die Hilflosigkeit, die Wut, die Freude, die Kraft, die Leichtigkeit – was auch immer es sein mag, es will in dir gesehen, gefühlt, angenommen sein.

Du kannst mit dieser Person kommunizieren. Frage diesen Menschen, frage dich selbst: „Was brauchst du? Wonach sehnst du dich? Was tut dir gut?“

Gib dich nicht mit schwammigen Antworten zufrieden. Frage nach, bis du die Person erfasst hast. Lerne dadurch den wichtigsten Menschen in deinem Leben kennen, die kostbarste Person – dich selbst.

∞ ∞ ∞

Können wir so mit uns sein, dass sich das innere Kind aufrichtet, singt, hüpft, tanzt?
Sobald wir singen, hüpfen und tanzen, strahlt es.

∞ ∞ ∞

Natürlich wie ein Kind

Bemerke, wie sich der Atem in deinem Körper bewegt. Fühle das Kommen und Gehen deines Atems, das Ein- und Ausströmen.

Der Atem ist wie eine Wiege, in die du dich hineinlegen kannst mit all deinem Schmerz, deinen Verletzungen, mit all deiner Gier und deinem Hass, aber auch mit all deiner Liebe und deinen Sehnsüchten, deinen Bedürfnissen. In dieser Wiege kannst du dich wie ein kleines Kind fühlen.

In dieser Wiege kann das innere Kind in dir heilen. Ein Kind ist so natürlich einfach das, was es ist. Wenn du wirklich liebst, sagst du keinem kleinen Kind, es müsste besser sein, es müsste mehr leisten, um geliebt zu werden. Ein Kind weint, wenn es traurig ist, es lacht, wenn es fröhlich ist, es schreit, wenn es Hunger hat, es schläft, wenn es müde ist – so natürlich.

Das heißt, wenn du in Meditation sitzt und auf den Atem achtest, kannst du auch mit diesem geliebten Kind in dir in Kontakt kommen. Mit anderen Worten: Du kannst dich wie das Kind Gottes fühlen, das du tatsächlich bist. Wenn du so sitzen kannst, fühlst du auch die Leichtigkeit eines Kindes. Stelle fest, ob du mit Leichtigkeit sitzt und ob du diesem Kind begegnen kannst.

Darf dieses Kind die Tränen weinen, die es weinen will? Darf dieses Kind lachen, sich der Leichtigkeit des Lebens erfreuen? Oder muss es permanent leisten und tun, sich verbessern, sich anstrengen, um geliebt zu werden? Muss es sich permanent schützen oder darf es einfach sein – gebettet in Wärme, Geborgenheit, beschützt, geliebt – wie es dem Kind entspricht, das es ist?

Blicke in dich selbst hinein. Bemerke, wem oder was du begegnest. Wenn du einem traurigen Kind begegnest, nimm es in den Arm, lass es weinen. Wenn du einem ängstlichen Kind begegnest, fühle seine Angst. Sag diesem Kind nicht, dass es keine Angst haben darf. Fühle seine Angst, möglicherweise seinen Schmerz, seine Verletzung.

Wie vielen Menschen sind wir begegnet, die einfach weinen, wenn sie traurig sind? Wie vielen Menschen sind wir begegnet, die einfach lachen, wenn sie fröhlich sind? Wie viel Leichtigkeit würde es in und um uns geben, wenn wir wie Kinder wären?

Unser Verstand mag einwenden: „Ja, aber als Kinder könnten wir in dieser Welt nicht funktionieren.

Die Welt würde nicht funktionieren." Was ist das für ein Denken, dass Natürlichkeit nicht funktionieren würde? Haben wir es wirklich ausprobiert, um das behaupten zu können?

Erlaube dir, mit dem zu sein, was jetzt in Resonanz gekommen ist, ehrlich und natürlich zu sein wie ein Kind.

∞ ∞ ∞

Die wichtigste Beziehung, die wir eingehen können,
ist die Beziehung zu uns selbst.

∞ ∞ ∞

Lass los, was dir im Weg steht

∞ ∞ ∞

Hab den Mut, als geistiges Wesen bewusst im Körper zu sein und die Herausforderungen auf der Erde und das Leben zu meistern.

∞ ∞ ∞

Hab Mut, dich zu fühlen

In herausfordernden Zeiten katapultieren wir uns häufig aus unserem Körper heraus und sehnen uns nach einem Zuhause fernab dieser Welt.

Erlaube dir, das umzudrehen: Hab den Mut, allem zu begegnen, was deine Seele hier erleben darf und manchmal auch muss. Es ist intensiv. Glaube nicht, mit der Erleuchtung würden alle Probleme aufhören. Mit der Erleuchtung beginnt das tiefe Erleben aller Facetten des menschlichen Daseins.

Blicke auf Meister wie Jesus Christus. Trotz seiner Erleuchtung wurde er – wenn es so war, wie überliefert – verleugnet, verraten und gekreuzigt. Und egal, was ihm widerfahren ist, er hatte die Fähigkeit, alles zuzulassen, ohne Mauern um sich herum aufzubauen oder sich von seinem Weg abzuwenden. Er hatte die Fähigkeit, allen Schmerz zu durchleben.

Er konnte den Schmerz genauso annehmen wie die Freude. Sein Herz ist dabei nicht gebrochen. Er besaß die Fähigkeit, sein Herz weich sein zu lassen – berührbar, fließend –, eins mit dem Vater. Und alles, was ihm widerfuhr, konnte er als lebendiges Sein in sich zulassen.

Wie oft sind wir Schmerzen, intensiven Gefühlen ausgewichen und haben uns abgelenkt oder uns aus dem Körper herausgenommen, um sie nicht erleben zu müssen?

Lass deine Meditation nicht zu einem Kurzurlaub werden, indem du dich von deinen Gefühlen distanzierst. Finde deine Befreiung im Zulassen aller Gefühle.

∞ ∞ ∞

Wo wir einen Schmerz fühlen und

ihn nicht annehmen können,

kann die Seele nicht wirklich in den Körper einziehen.

Ziehe in deinen Körper bis zum großen Zeh ein!

∞ ∞ ∞

Stell dich deiner Angst

Wie oft sind wir uns schon ausgewichen – wie oft vor uns selbst weggelaufen? Und doch nehmen wir uns mit, egal, wohin wir gehen.

Das Weglaufen beginnt da, wo wir nicht bereit sind hinzuschauen. Oft haben wir Angst vor dem, was wir sehen könnten. Und diese Angst jagt uns dann unterschwellig, besucht uns in unseren Träumen und strömt in unser Alltagsgeschehen mit hinein.

Haben wir den Mut, stehenzubleiben und uns dem zuzuwenden, was uns bewegt – haben wir den Mut, genau dort hinzuschauen? Nicht als neutraler Beobachter, sondern uns dabei zu erleben und alles vollständig zu spüren, damit es sich auflösen kann.

Erlaube dir, dich selbst unmittelbar zu erleben und zu erfahren. Erlaube dir, die Idee loszulassen, dass es weniger schmerzt, wenn du nicht hinschaust. Denn wenn du hinschaust, kann der Schmerz gehen.

Wenn du ehrlich hinfühlst und in dieser tiefen Akzeptanz für dich selbst bist, wirst du merken, dass du unterstützt wirst. Denn es wird immer etwas da sein, das größer ist als dieser Schmerz. Und du wirst merken, dass du in diesem Schmerz nicht verloren gehst, sondern getragen wirst. Sobald du das erlebst, wird er sich lösen. Erlaube dir, nicht mehr vor dir selbst wegzulaufen, damit du dir selbst begegnen kannst!

∞ ∞ ∞

Wenn wir uns in den Finger schneiden,
kümmern wir uns um die Verletzung.
Aber wann kümmern wir uns um unsere
seelischen Verletzungen? Oft weichen wir
unserem Schmerz aus und lenken uns ab.
Das ist ungefähr so, als würden wir den Finger
einfach bluten lassen, ohne ihn zu versorgen.

∞ ∞ ∞

Nimm deinen Schmerz als Lehrer

Oft wollen wir Dinge verändern, die wir noch nicht in der Tiefe verstanden, geschweige denn angenommen haben. Dabei liegen in diesem Entdecken und Annehmen das Bewusstsein und die Erkenntnis. Und wo Erkenntnis ist, ist auch Wachstum. Wenn wir etwas einfach nur loswerden wollen, können wir nicht wirklich wachsen.

Vermeidung bedeutet nur, in die andere Richtung zu gehen, aber sie bringt keine Erlösung. Haben wir in der Vergangenheit einen Schmerz oder eine Verletzung erlebt, steckt in uns häufig die Angst, dass es wieder so kommen könnte. Und deshalb wählen wir eine Vermeidungsstrategie. Dabei ziehen wir genau deshalb, weil der Schmerz noch da ist, Situationen an, die ihn wieder aufleben lassen – weil die Information, die in dem Schmerz liegt, nie entschlüsselt und transformiert, also ins Licht gebracht wurde.

Wir halten den Schmerz, und er bestimmt die Art, wie wir leben, wie wir entscheiden – und er bewirkt vielleicht, dass wir genau das Gegenteil dessen tun, was wir eigentlich wollen. Damit blockieren wir einen Erkenntnisprozess.

Wir beschäftigen uns also nicht so sehr mit der Frage „Warum?“, sondern schaffen die Bedingungen, anzunehmen und zu fühlen, sodass der Körper uns die Information schenken kann.

Es ist gut, alle unsere Vorstellungen und vor allem unsere Bewertungen darüber loszulassen, was angeblich für uns besser wäre.

Manchmal meinen wir, es wäre ohne Schmerz besser. Einerseits ist es wahr, weil wir frei und glücklich sein wollen. Gleichzeitig ist es auch wichtig, nach und nach das Verständnis dafür zu entwickeln, dass uns häufig genau das, womit wir hadern, hilft, glücklich und frei zu werden.

Hinter jedem Schmerz liegt etwas, was sein möchte. Und es tut weh, dass es nicht sein darf. Oft sind wir uns nicht darüber bewusst, was sein möchte. In der Meditation schaffen wir Bedingungen, genau dieses Leben, diese Qualität in uns zu berühren, die zum Ausdruck kommen und sich entwickeln möchte. Wir üben, in den Körper einzuziehen. Das heißt, wir begegnen dem Schmerz, weil Bewusstsein in Schmerz, in Angst, in Traurigkeit steckt.

Häufig wissen wir nicht, wie wir mit dem, was in uns auftaucht, umgehen sollen. Wir reagieren mit Gewohntem und können dadurch bestimmte Qualitäten nicht entwickeln. Und so wiederholen sich in unserem Leben ähnliche Geschehnisse, weil wir nicht gelernt haben, was es zu lernen gab.

Wie weit darf dein Leben Lehrer sein? Inwieweit hast du den Mut, dem Neuen zu begegnen, ohne nach den alten Gewohnheiten zu reagieren?

∞ ∞ ∞

Wir können alles Mögliche machen, damit unser Schmerz nicht berührt wird. Aber dann bestimmt der Schmerz unser Leben. Und alles, was wir versuchen zu vermeiden, wird uns wieder begegnen, weil wir es nicht gemeistert haben.

∞ ∞ ∞

Sei ehrlich zu dir

Blicke auf die vergangenen fünf, zehn, fünfzehn, zwanzig Jahre deines Lebens zurück.

Gibt es etwas, was dir auffällt, etwas, was sich immer wieder zeigt? Lichtvolle Momente, aber auch Themen, die schmerzen, die sich wiederholen? Achte auf das, was spontan auftaucht. Schau, ob dir ein Thema immer wieder begegnet, weil du es in der Tiefe nie wirklich durchlebt hast.

Welches Thema hast du durchlebt und dann festgestellt: „Ich brauche es nicht mehr, jetzt steht etwas anderes in meinem Leben an. Ich habe es mir so lange angeschaut, habe alle Erfahrungen aufgenommen ... und brauche es so nicht mehr. Ich habe gelernt, ich habe verstanden, jetzt geht es woanders hin, jetzt will ich Neues entdecken, mich auf eine andere Art und Weise erleben.“ Wenn du das sagen kannst, ziehst du das betreffende Thema nicht mehr an, weil du es in Fülle ausgekostet, durchdrungen und verstanden hast.

Bemerke, was möglicherweise jetzt in deinem Leben ansteht.

Vielleicht müssen wir so oft zurückgewiesen werden, bis wir einen inneren Wert in uns anerkennen und feststellen, dass es Verbindungen gibt, die uns guttun.

Vielleicht müssen wir so oft verletzt werden, bis wir bemerken, wie wichtig es ist, uns zu schützen.

Vielleicht müssen wir uns so lang und so oft bis zur Erschöpfung abmühen, bevor wir merken, dass wir getragen sind.

Wie oft müssen wir uns immer wieder in Abhängigkeit begeben, bis wir unsere eigene Freiheit bejahen und annehmen?

Wie lange müssen wir Halt im Außen suchen, bis wir den Halt im Inneren finden?

Wie oft müssen wir uns noch demütigen lassen, bis wir zu unserer eigenen Würde stehen?

Wie lange müssen wir uns in Verbindungen aufarbeiten, bis wir verstehen, dass es etwas gibt, was für uns gedacht ist?

Wie oft müssen wir uns in der Hilfe für andere verlieren, bis wir Verantwortung für uns selbst übernehmen? Bis wir beginnen, unseren eigenen und den Plan der anderen zu respektieren?

Wie lange müssen wir uns und die anderen klein halten, bevor wir die Kraft Gottes in uns erkennen?

Was entscheidet unsere Seele immer wieder zu erleben? Wie oft brauchen wir dieselbe Lektion? Wir alle brauchen diese Lektionen offensichtlich, bis wir sie begriffen und so tief erlebt haben, dass wir keine weitere Erkenntnis mehr daraus ziehen können.

Wenn wir uns nicht von etwas lösen können, dann erleben wir Abhängigkeit, den Verlust unserer Selbstbestimmung, den Verlust unserer Kraft, Demütigung, Verletzung, Missachtung, Selbstzerstörung – wir erleben es so oft, bis wir es wirklich satt sind.

Wir tun das über viele Leben hinweg und beklagen uns häufig über das, was wir tun, anstatt unsere Entscheidung anzunehmen und zu erleben, wofür wir uns entschieden haben.

Das Tolle ist: Wir haben die Wahl!

Stell dir vor, wie anders es wäre, wenn du sagen würdest: „Ich lasse mich nur noch ein paar Mal ganz bewusst missachten, ich lasse mich demütigen, damit ich fühle, wie es ist. Ich wähle es bewusst, damit ich lerne."

Lebst du so, dass es dir in jedem Moment gut geht? Kannst du das mit reinem Gewissen sagen?

Wir wissen, welche Gedanken uns nicht guttun, und wir denken sie dennoch.

Wir steigern uns wider besseres Wissen in manche Emotionen hinein, die uns nicht guttun.

Wir wissen um gesunde Ernährung und essen doch unregelmäßig oder das, was uns nicht guttut.

Warum schließen wir nicht endlich Frieden damit und nehmen die Art, wie wir lernen, einfach an? Warum akzeptieren wir nicht, dass wir nicht so heilig sind, wie wir meinen oder wie wir sein wollen? Warum erlauben wir uns nicht, ein Kind zu sein, das sich ausprobiert? Es liegt unglaublich viel Frieden darin, das Leben zu leben und alles auszukosten, was uns begegnet.

Wenn wir uns innerlich sagen: „Ich möchte alles, was mir begegnet, in Fülle erleben, ich sage Ja zu meinem Leben, ich sage Ja zu der Situation, ich sage Ja zu allem, was in mir auftaucht", dann ist dies eine Haltung, die uns und das Leben respektiert.

Manche Dinge nicht zu erleben, obwohl sie da sind, zeugt von Kontrolle und nicht von Heiligkeit, von Angst und nicht von Vertrauen, es zeugt von

Macht und nicht von Demut und Hingabe, von Abwehr und nicht von Annahme und Liebe.

Im Grunde ist jede Erfahrung heilig, wenn wir sie bewusst in Fülle erleben.

∞ ∞ ∞

Bewahre dir den Anfängergeist.

Mit ihm kannst du lernen und verstehen.

Er ist der Einzige, der versteht.

∞ ∞ ∞

Wirf den Fisch deiner Erkenntnis zurück in den Ozean

Eine Erkenntnis kann momentan für unser Leben dienlich sein – aber sie ist einfach nur ein Fisch im Ozean, den wir kurz geangelt haben und den wir wieder zurückwerfen sollten. Im Ozean schwimmt kein Fisch der ewig währenden Erkenntnis. Der Ozean selbst ist die große Erkenntnis und das Sein, in dem alles erkenntnisreiche Leben stattfindet.

So eine Vorgehensweise kann uns immer wieder

daran erinnern, dass wir eigentlich gar nichts wissen. Wir wissen in dem Augenblick vielleicht, dass wir einen Fisch gefangen haben. Möglicherweise können wir ihn nicht mal benennen, und selbst wenn ... was wissen wir dann? Alles, was wir fangen, greifen, begreifen wollen, entspringt unserem kleinen Geist, der immer wieder kläglich dabei scheitert, das Mysterium des Lebens zu erklären.

Das kannst du merken, wenn du an etwas festhältst und denkst: „Jetzt habe ich es verstanden!" Dann gehst du ganz stolz in die Welt und präsentierst deinen Fisch. Du lässt dich als tollen Angler feiern oder bist voller Eifer, um andere gemäß deiner Erkenntnis zu bekehren. Du argumentierst und verteidigst, redest dich um Kopf und Kragen.

Aber wenn es dir darum geht, im Ozean zu baden, dann wirf den Fisch deiner Erkenntnis wieder in den Ozean zurück.

∞ ∞ ∞

Erwachen ist der Anfang von allem und das Lernen hört nie auf. Strebe nicht nach einem endgültigen Ziel, sondern entwickle die Fähigkeit, das unendliche Leben in dir zuzulassen – Veränderung von Moment zu Moment, zu Moment, zu Moment ...

∞ ∞ ∞

In der Leerheit findest du die Fülle

Wir erleben in der Meditation, wie die Welt, die wir eigentlich zu kennen meinen, sich plötzlich verändert. Denn wenn wir aufhören, all dem, was in unserem Geist auftaucht, etwas hinzuzufügen, entsteht eine andere Welt, eine Welt der permanenten Veränderung. Und wie wollen wir an Dingen festhalten, die sich permanent verändern? Uns wird alles entzogen. Da, wo wir versuchen festzuhalten und hineinzuschauen, stellen wir fest: Es ist leer.

Wie eine Spiegelung des Geistes: Ein Vogel fliegt vorbei. Wir sehen, wie er sich im Wasser spiegelt, greifen nach der Spiegelung und wollen den Vogel festhalten. Wir meinen, ihn erfasst zu haben, und sind ganz stolz auf unseren Fang. Doch der Vogel ist schon lange weg. Und wenn wir den Mut haben, in unsere Hand zu schauen, stellen wir fest, dass sie leer ist. Da ist nichts.

Die Welt ist erst einmal leer, wenn wir sie auf Substanz prüfen.

Aber im Erleben der Leerheit sind wir erfüllt. Leerheit ist kein Nichts, kein Vakuum – sie ist Fülle. Auch wenn sie leer ist von dem, was vermeintlich ist. Leer von einer erdachten Identität, einer feststehenden Einheit. Sobald wir all das Erdachte freigeben und es als substanzlos erkennen, beginnt uns alles aus den Händen zu gleiten. Unsere Hände öffnen sich und wir werden empfänglich für das, was jetzt ist. Wir erleben die Präsenz von allem, was jetzt ist, und können erfahren, wie die Dinge tatsächlich sind.

Was uns dann Halt gibt, ist die Präsenz selbst. Und was uns belebt, ist das Leben selbst – das pure Leben.

∞ ∞ ∞

Glaube nicht alles,

aber glaube nicht an nichts.

Finde heraus, was für dich wahr ist.

Befrage dazu dein Herz ...

Du kannst es fühlen!

∞ ∞ ∞

Hab Geduld mit dir

Unsere mentalen Strukturen, insbesondere unsere Glaubenssätze, die nicht in Übereinstimmung mit der Weisheit unseres Herzens sind, unterdrücken Leben in uns. Wir glauben zu wissen, wie unser Leben funktioniert. Diese Überzeugungen scheinen uns Halt und Sicherheit zu geben, aber in Wirklichkeit engen sie uns ein, lassen nur wenige Gefühle zu.

Wie befreien wir unser Herz von dieser mentalen Führung?

Nur wenn wir uns dieser mentalen Strukturen bewusst werden und sie in Liebe annehmen, kann sich etwas verändern, können wir uns heilen.

Befrage dein Herz, was es von deinen Überzeugungen hält, spüre, wie es auf sie reagiert. Sagt dein Herz Ja? Wenn nicht, schaue, warum es nicht zustimmt, wo die Irritation ist. Was wird dadurch verhindert? Wonach sehnt sich dein Herz?

Das Einzige, das unsere mentalen Strukturen korrigieren kann, ist unser Herz. Es lädt uns ein zu sein und dieser Einladung können wir immer wieder folgen. Sei geduldig und lass dein Herz nach und nach diese Strukturen verändern. Für die Veränderung mancher tiefsitzenden Strukturen braucht es Zeit und viel Liebe.

Überlasse dich der göttlichen Kraft

Wenn wir merken, dass wir etwas nicht aus eigener Kraft schaffen, können wir den göttlichen Kräften eine Chance geben.

Wenn wir für kurze Zeit unseren Willen abgeben und sagen: „Was geschehen soll, darf geschehen, nicht mein, sondern Dein Wille geschehe“, kann endlich das zu uns kommen, was zu uns kommen möchte, was zu uns gehört.

Wir legen all unsere Anstrengung ab.

Das, was leicht ist, wird uns helfen. Dafür können wir uns öffnen.

Es wird nichts geschehen, was nicht geschehen soll – das ist sicher.

Wir können uns öffnen und wahrnehmen, was geschehen, zu uns kommen, uns berühren möchte.

∞ ∞ ∞

Die Ursachen mancher Herausforderungen, die wir in diesem Leben haben, liegen häufig in früheren Leben. All unsere Erfahrungen sind in unserer Aura abgespeichert. Sie können die mentale, emotionale und körperliche Ebene stark beeinträchtigen und unser jetziges Leben beeinflussen.

Daher ist es wichtig, dass das Unerlöste in das Licht des Bewusstseins kommt und Heilung findet. Dieses Leben dauert nur eine kurze Zeitspanne. Beziehen wir uns nur darauf, begrenzen wir uns.

∞ ∞ ∞

Lass dich tragen

Konzentriere dich auf deinen Scheitel und stell dir vor, du nimmst einen klaren Lichtstrom wie durch einen Trichter auf. Nimm ihn immer tiefer in dir auf. Spüre dabei deinen Hals, den Brustraum, die Arme, die Hände, den Bauch, den Unterleib bis zum Beckengrund. Verweile mit deiner Aufmerksamkeit im Beckenraum. Nimm die sanfte Bewegung deines Atems wahr, und achte darauf, was in dir aufsteigt.

Du kannst dir die Erlaubnis geben, alles anzunehmen, du kannst die Absicht haben, vor nichts zurückzuschrecken. Mit dem festen Glauben, dass du die Kraft hast, alles zu fühlen, was da ist. Auch wenn es dich noch so erschüttert, gibt es eine Kraft in dir, die sich davon nicht beeindrucken lässt. Es gibt eine Kraft, die all das durchdringt und verändert. Verbinde dich bewusst mit dieser Kraft und lass dich von ihr unterstützen.

Je mehr du dich von ihr tragen lässt, desto mehr wirst du zu ihr.

Trau dich zu lieben

Erlaube dir, mit jedem Atemzug dein Herz so lebendig werden zu lassen, dass nichts mehr die Liebe im Herzen blockieren kann. Sodass sie erwacht und zu fließen beginnt.

Manchmal wollen wir wissen, was unser Herz

blockiert. Wir versuchen es zu benennen, den Ursprung zu entdecken, zu analysieren und Erklärungen zu finden. Aber müssen wir wissen, was es genau ist?

Achte darauf, wo deine Aufmerksamkeit ist.

Möchtest du bei deiner Blockade bleiben oder den Liebesstrom in dir verstärken? Es ist der Liebesstrom, der die Blockaden hinwegschwemmt. Lass die Liebe in deinem Herzen so lebendig werden, dass es ein reißender Fluss wird, dem nur das Wahrhaftige standhält.

Je stärker der Strom in uns wird, desto mehr werden wir all der Dinge gewahr, die in uns sind. Unser Geist ist dabei ganz wach und klar. Keine Gedankenwellen verzerren das, was sich zeigt, was sich uns offenbart.

Alle Gefühle werden dabei zugelassen und wir erleben dabei, wie unser Herz immer weicher wird, es beginnt zu fließen, zu schmelzen.

Lichtvolle Unterstützung

Wenn wir im Sumpf sind, können wir uns nicht am eigenen Arm herausziehen, das geht nicht.

Daher ist es sinnvoll, die Verbindung mit der geistigen Welt zu suchen und den Wesen des Lichts die Hand entgegenzustrecken. Wir können ihnen mit Vertrauen begegnen, da sie uns vollständig sehen können. Sie bieten uns ihre Unterstützung als Geschenk an, und wir entscheiden, ob wir es annehmen oder nicht. Sie tun nichts ohne unsere Erlaubnis.

Solange wir meinen, wir müssten alles aus eigener Kraft schaffen, gehen wir den Weg des Egos und keinen inneren, göttlichen Weg.

Du musst es nicht aus eigener Kraft schaffen. Lass dir helfen.

∞ ∞ ∞

Oft ist es sehr lichtvoll,
doch manchmal begegnen wir der Dunkelheit.
Wir erlernen keine Techniken, um vor der Dunkelheit
zu fliehen, sondern nehmen uns an, wo wir
uns am intensivsten fühlen.

Wir bringen Licht ins Dunkel,
so dass wir als Seele immer weiter reifen.
Sobald wir uns in unserer Einzigartigkeit
und mit unseren seelischen Aufgaben annehmen,
beginnen Transformation und Befreiung.

∞ ∞ ∞

Begib dich an den Ort der Heilung

Die Grundvoraussetzung für ein strahlendes Herz ist, dass wir darauf achten, was wir in unserem Geist kultivieren, welche Welten wir erzeugen und wie sich unser Körper dadurch formt.

Ist dein Geist ruhig? Strahlt dein Herz? Egal, wie es ist, klage dich nicht an. Bemerke einfach, wie es ist.

Spüre, was dich beschäftigt und was dieses Strahlen möglicherweise überlagert.

Häufig fühlen wir uns überfordert und ohnmächtig gegenüber Dynamiken, Glaubenssätzen und beengenden Denkstrukturen, die sich nicht so schnell auflösen, weil sie ein Teil von uns geworden sind. Also brauchen wir etwas, das weiter ist als das, was wir kennen. Etwas, das über all das hinausgeht. Etwas, das zu diesem reinen Bewusstsein hinführt, was wir in der Tiefe sind.

Die Wesen des Lichts leben in reinem Bewusstsein – sie sind feine göttliche Energien. Sie haben die Fähigkeit, verkrustete Strukturen in uns aufzubrechen.

Wir müssen und können das nicht selbst tun. Durch all unser Wollen und Tun entstehen diese Strukturen. Wenn wir meditieren, geben wir all das Tun und Wollen auf, wir vertrauen, wir geben uns hin und wir öffnen uns. Wir bereiten uns vor, etwas zu empfangen, das wir uns selbst noch nicht geben können, etwas, das in uns noch nicht verwirklicht ist, aber verwirklicht werden möchte.

Wenn du diese Sehnsucht in dir spürst, erlaube dir, ihr zu folgen, dich mit den geistigen BegleiterInnen deines Herzens zu verbinden, mit Wesen, bei denen du sicher bist, dass sie dich lieben und dein Herz kennen.

In dieser Verbindung erlebst du die göttliche Liebe als Grundsubstanz, aber auch all das, was du ihr in den Weg gestellt hast. Erlaube dir, in der Verbindung zu bleiben, während du durch die Prozesse innerer Reinigung gehst.

Solche Verbindungen sind erfüllt von Liebe, Achtsamkeit, Respekt und Reinheit. Sie sind ein göttliches Geschenk.

∞ ∞ ∞

Im Grunde fehlt unserer Seele nichts,
nur manchmal lassen wir Teile in uns nicht zu.
Wenn wir meditieren, können wir
uns an die Anteile erinnern, die wir haben
und nach denen wir uns sehnen, um
immer vollständiger hier sein zu können.

∞ ∞ ∞

Innere Räume erhellen

Wir dürfen die lichtvollen Wesenheiten bitten, uns in unerforschte innere Räume zu begleiten. In allen Räumen wartet etwas Wundervolles auf uns, Anteile, die uns vollständiger, freudiger, leichter, kraftvoller machen.

Vielleicht traust du dich manche Räume nicht zu betreten und möglicherweise kennst du die Gründe dafür. Hab keine Angst vor dir selbst, da deine lichtvollen BegleiterInnen die Fähigkeit haben, dich durch Dunkelheit und Schmerz hindurch zu begleiten.

Wo es schmerzt, wollen wir nicht mehr hin, weil es schon einmal wehgetan hat. Das ist verständlich. Wir wollen den Schmerz nicht noch einmal erleben. Und ohne Licht dorthin zu gehen, ist auch nicht zu empfehlen.

Aber wir stellen uns ja nicht einfach unwissend in die Dunkelheit, um uns noch einmal zu verlieren. Sondern wir lassen uns halten und führen.

Erlaube dir wiederzufinden, was du möglicherweise schon lange in dir vermisst. Nimm wichtige Anteile deiner Seele wieder in Empfang.

∞ ∞ ∞

Halte nicht, was dich schmerzt.
Manche Dinge, die wir in uns haben,
sind nicht zu dulden. Gib dir die Chance,
dass sie sich in dir verwandeln.

∞ ∞ ∞

Hilfe ohne Gegenleistung

Wenn du geistig heilen willst, dann rufe die Kräfte des Himmels mit ganzem Herzen. Und all deine lichtvollen BegleiterInnen werden da sein. Du kannst auf ihre Hilfe vertrauen.

Sie brauchen nur dein Ja. Sie wollen keine Gegenleistung, sie verpflichten dich zu nichts. Sie sind gerne bei dir, weil sie in Liebe mit dir verbunden sind.

Je mehr sich dein Herz öffnet, desto mehr wirst du auch die Seelen anziehen, mit denen du in Liebe verbunden bist und die zur selben Zeit mit dir hier auf Erden inkarniert sind. Möglicherweise bist du einigen von ihnen schon begegnet.

Suche die Verbindung von Herz zu Herz immer wieder.

∞ ∞ ∞

Es gibt Wesen, die wahrlich Interesse
daran haben, uns zu unterstützen.
Es gibt Wesen, denen es nicht egal ist,
wie es uns geht, ob wir leiden oder nicht.
Sie sind jederzeit bereit zu helfen.

∞ ∞ ∞

Bleib der Liebe zugewandt

Es gibt so viele wunderbare, lichtvolle Wesen, die immer wieder an die Liebe geglaubt haben. Egal, was ihnen widerfahren ist, sie haben sich von der Liebe zu Gott nicht abgewandt, aber auch nicht von der Liebe zu den Menschen.

In uns liegt dasselbe Potenzial. Wollen wir dieses Potenzial verwirklichen? Wann wenden wir uns wieder dem Licht zu? Wann beginnen wir, wieder miteinander zu gehen?

∞ ∞ ∞

Die Seele möchte das, was sie
– wann auch immer –
schmerzlich erlebt hat, im Licht erlösen.
In all unseren Erfahrungen liegen
göttliche Erkenntnisse, die sich uns offenbaren,
wenn Blockaden sich im Licht auflösen können.

∞ ∞ ∞

Die Unendlichkeit der Seele

∞ ∞ ∞

Jeder hat seine eigene Qualität,
seinen ganz eigenen wunderschönen Klang.
Wenn wir diesen Klang kennenlernen wollen,
ist es wichtig, das aufzusuchen, was schon immer war,
immer sein wird und jetzt ist.

∞ ∞ ∞

Erlebe deine ureigene Schwingung

Was ist die ureigene Schwingung deiner Seele?

Was geschieht, wenn diese ureigene Schwingung in dir einfach sein darf, wenn du sie nicht durch dein Denken blockierst, durch deine vorgefasste Meinung, wie die Dinge sind und wie sie sein sollen?

Jede erleuchtete Seele hat ihre ureigene Schwingung und genauso hat auch jeder von uns seine eigene Schwingung, die aus dem Geiste kommt, im Geiste verwurzelt ist. Diese Eigenschwingung zu erleben, bedeutet, vollständig hier zu sein.

Immer wenn wir in Stille sitzen, schaffen wir die Grundlage, um die Schönheit dieser ureigenen Schwingung kennenzulernen und uns an ihr zu erfreuen. Wenn wir damit in Kontakt kommen, offenbaren sich nach und nach die Qualitäten unserer Seele.

Um diese Schwingung erleben zu können, ist es wichtig, die Tore unserer Chakren, unserer Energiezentren vollständig zu öffnen.

Wenn du mit deiner Aufmerksamkeit vom Wurzel- bis zum Kronenchakra durch die sieben Hauptenergiezentren gehst, kannst du deutlich fühlen, welche Bereiche offen sind, belebt, harmonisch. Du kannst aber auch fühlen, welche Bereiche in Dysbalance sind. Wo du mit deiner Aufmerksamkeit hingehst, macht sich vielleicht Wärme breit, es kribbelt, andere Bereiche fühlen sich vielleicht verstopft oder geschwächt an.

Die Themen unseres Lebens zeigen sich in unserem physischen und/oder feinstofflichen Körper. Hinter jeder Blockade in unserem Energiefeld zeigt sich Unerlöstes, das uns unsere ureigene Schwingung nicht vollständig erleben lässt.

Erkenne, was in dir erlöst werden möchte.

∞ ∞ ∞

Alle Widerstände und Blockaden weisen eigentlich darauf hin, dass wir nicht in Übereinstimmung mit der göttlichen Idee wirken.

Und gleichzeitig helfen uns diese Widerstände dabei,
wieder in den göttlichen Strom einzutreten.
Sie machen uns aufmerksam und sind
wie Diener auf unserem Weg.
Wenn wir sie als solche begreifen,
sind sie unserem Weg dienlich und keine Gegner.

∞ ∞ ∞

Die Intelligenz des Bewusstseins

Es gibt keine schlechte Meditation. Wir sitzen einfach in der Stille mit dem, was ist. Vielleicht mit schlechter Laune oder einem inneren Widerstand. Völlig egal, was in uns ist, wir sind damit. Wir müssen es nur mit uns selbst aushalten, das ist alles.

Das Faszinierende ist: Wenn wir das entdecken, was größer ist als der Widerstand, verringert sich der Widerstand. Das ist das Geschenk der Meditation. Wir sitzen damit, sehen, fühlen und bemerken, wer all das sieht.

Je mehr es uns gelingt, uns auf diesen Sehenden auszurichten, desto mehr löst sich der Widerstand auf. Wir verlagern die Aufmerksamkeit von einem egozentrierten Wesen hin zum Sehenden, unserem eigenen Bewusstsein.

Und plötzlich findet alles seinen Platz. Wir müssen nicht das Chaos ordnen. Es ordnet sich selbst. Wir lassen zu, dass es sich ordnet, weil wir eine Intelligenz in uns zulassen, die fähig ist, die Ordnung wiederherzustellen. Das ist wirklich eine entspannte Problemlösung.

Das einzig Beständige

Nichts in der Erscheinungswelt ist beständig.

Es ist häufig unser Leid, dass wir im Unbeständigen das Beständige suchen. Wir versuchen immer wieder, etwas festzuhalten, was nur von vorübergehender Natur ist.

Es ist die größte Befreiung, wenn wir gewahr werden, dass es etwas Beständiges in uns gibt. Das Einzige, was beständig ist, ist derjenige, der alles Leben sieht.

Wir können diesen Sehenden aber nur entdecken, wenn wir alles Leben in und um uns zulassen. Wir schenken allen Dingen in und um uns Raum. Wir üben uns darin, alle Erscheinungen anzunehmen, sie in unserem Geist auftauchen zu lassen und mit ganzem Herzen zu fühlen. In dem Augenblick verbinden wir das Sehen mit unserem Herzen, und das Unbeständige wird lichtvoll und lebenswert, da es sein darf und wahrgenommen wird – von einem mitfühlenden Zeugen.

Durch die Praxis des Nichteingreifens kann sich

das Herz im Raum des Gewahrseins ausdehnen und die Fülle des Geistes erleben. Dort ist es glücklich, selig.

∞ ∞ ∞

Wer oder was sieht unser Leben,
schaut unsere Gefühle, erinnert unsere Träume?
Wer sieht, dass wir hadern oder uns am Leben erfreuen?
Wer oder was ist das, der oder das uns ständig begleitet?
In unserem Gewahrsein findet alles statt.

∞ ∞ ∞

Was lebt ewig?

Wenn uns die Meister sagen, dass es ein endloses Dasein gibt, ein ewiges Leben – was lebt ewig?

Was existiert im Grunde schon vor diesem Körper? Was hat sich nicht verändert?

Wir sind uns unserer Kindheit, mancher Situationen zumindest, bewusst. Du bist dir jetzt bewusst, dass du hier sitzt und liest. Ist es dieselbe Instanz in dir, die sich an die Kindheitserfahrung erinnert und sich bewusst ist, dass du jetzt hier sitzt?

Ist es möglicherweise dieser große Geist? Manche

beschreiben ihn als den Geist Gottes, als den großen Geist, als Gewahrsein. Was ist dieses Gewahrsein, das sich zum Beispiel auch an all die unterschiedlichen Inkarnationen erinnern kann? Hat sich dieses Gewahrsein über alle Leben verändert? Oder ist es einfach? Ist Gewahrsein reines Sein?

Innerhalb des Gewahrseins gibt es alle möglichen Veränderungen, da kommen und gehen Gefühle, Gedanken, Emotionen, selbst unser Körper.

Sämtliche Meditationen und spirituellen Praktiken gehen darauf zurück, dieses Gewahrsein zu kultivieren, diesen offenen, unendlich weiten Raum, den wir Gott nennen können und in dem alles Leben, aller Tod stattfindet.

Alles taucht auf und verschwindet, kehrt zurück in den großen Geist, kehrt zurück in die Stille.

Mit anderen Worten: Können wir alles lebendig sein lassen, jetzt, wenn wir still sitzen? Können wir akzeptieren, dass die Dinge unbeständig sind?

Sei gewahr, dass es etwas gibt, was unendlich ist, was nicht kommt und nicht geht.

∞ ∞ ∞

Solange wir Angst haben, dass irgendetwas sterben kann, bewegen wir uns im Grunde nicht auf seelischer Ebene.

∞ ∞ ∞

Ohne Anfang und ohne Ende

Deine Seelengeschichte beginnt, wo du ins Leben gerufen wurdest, wo du als individualisierte Form der unendlichen Existenz angefangen hast zu existieren. Du bist eine individualisierte Form des Göttlichen.

Die Seele ist ein göttlicher Teil von dir. Gott ist nicht von der Seele zu trennen und die Seele nicht von Gott. Weil sie aus Gott ist, in Gott ist und schon immer war.

Als du als Seele ins Leben gerufen wurdest, begann deine Geschichte. Bis jetzt, jetzt, jetzt ... und du schreibst deine Geschichte von Atemzug zu Atemzug – und gleichzeitig bist du ohne jede Geschichte.

Es gibt bestimmte Entscheidungen, durch die wir Karma entwickelt haben, durch die wir uns von diesem Ursprung abgetrennt fühlen und uns nicht mehr als das sehen, was wir tatsächlich sind. Aber diese Abspaltung – durch Gier, durch Lust ... es kann hunderttausend Gründe geben – lässt sich verwandeln. Es ist unsere Entscheidung, welche Richtung wir unserem Leben geben. Und wir entscheiden tagtäglich und in jeder Sekunde, wo unser Leben hingeht.

Sind wir unendlich – weil wir aus dem Unendlichen geboren wurden? Oder wurden wir nie geboren, weil wir schon immer ein Teil des Unendlichen waren?

Gibt es einen Anfang deiner Seele? Gibt es ihn nicht? Wenn du dich in Gott erlebst, gibt es keinen

Anfang und kein Ende. Meditiere darüber und du wirst Antworten bekommen.

∞ ∞ ∞

Häufig versuchen wir uns in einem konstruierten Ich
zu finden, das es nicht wirklich gibt.
Es existiert nur in unserer Gedankenwelt und
kann uns dort auch vermeintliche Sicherheit geben.
Wenn wir meditieren, können wir feststellen,
dass dieses Ich eine Illusion ist.

∞ ∞ ∞

Deine Seele lebt in unterschiedlichen Dimensionen

Wir alle sind für eine gewisse Zeit hier auf der Erde, um zu lernen und um Aufgaben zu erfüllen.

Wir dürfen hier miteinander wachsen, wir dürfen miteinander sein. Wie lange das sein wird, bestimmen nicht wir. Wir können auf uns aufpassen, wir können uns um unsere Heilung kümmern, das ist möglich. Aber alles andere entscheiden nicht wir.

Das Wunderschöne ist, dass wir, bereits während wir uns hier im Körper befinden, beginnen können, uns in unterschiedlichen Dimensionen zu bewegen.

Es gibt unterschiedliche Welten, die wir ergründen können. Wenn wir meditieren, können wir diese Welten, die unterschiedlichen Dimensionen unseres Daseins, kennenlernen.

Es gibt die ganz greifbare physische Realität mit all ihren Herausforderungen. Wenn wir meditieren, nehmen wir diese Realität an und können sie spüren. Aber es wäre nicht sinnvoll, uns nur auf diese Realität zu reduzieren. Andere Dimensionen können wir nur kennenlernen, wenn wir uns nicht mehr permanent mit der physischen Realität identifizieren, sondern unsere Rollen als Mutter, Vater, Frau, Mann etc. ablegen und schauen, was daneben noch existiert.

Wie existieren wir, wenn wir die Identifikation mit all unseren Rollen für kurze Zeit aufgeben?

Das tun wir jede Nacht. Wenn wir schlafen gehen, legen wir auch alle unsere Rollen ab. Wir schließen unsere Augen, verabschieden uns von der physischen Realität, um in eine andere Dimension einzugehen. Wir machen in der Nacht häufig wunderbare Reisen zu unterschiedlichen Seelen, in unterschiedliche Welten. Je mehr wir meditieren, desto mehr werden wir dessen gewahr.

Du kannst auch jede Nacht darum bitten, dass deine seelische Heilung von deinen geistigen BegleiterInnen unterstützt wird. Du kannst Fragen stellen und darauf achten, was du träumst, was dir im Traum geantwortet wird. Achte darauf, wie du dich am nächsten Morgen fühlst, was dir klar wird. Und sei nicht ungeduldig.

Nutze den Schlaf, um Klarheit und Heilung in dein Leben zu bringen.

Seligmachende Akzeptanz

Wenn du meditierst, bringe deinen Körper in eine aufrechte Sitzhaltung und in Balance. Sobald der Körper stabil ist, lenke deine Aufmerksamkeit auf die Atmung.

Erlebe das Geatmetwerden mit dem Körper, indem du darauf achtest, in welchen Bereichen du spüren kannst, wie der Atem ein- bzw. ausströmt.

In Balance kann der Körper entspannen, er beginnt sich immer mehr zu öffnen, er wird empfindsamer. Er kann mehr Informationen empfangen. Diese Informationen tauchen in unserem Geist auf. Und wir lassen den Geist ganz ruhig werden – sodass alles so sein darf, wie es im Augenblick ist.

Das heißt, wir nehmen es an, wie es ist. Außen wie innen. Außen, was über unsere Sinne zu uns kommt. Aber auch alle Emotionen, Gefühle, Gedanken, Bilder. Alles darf in unserem Geist auftauchen.

Wir haben gelernt, auf das zu achten, was auftaucht, und uns darauf zu beziehen. Je nach Erziehung und je nach Tendenz erschaffen wir gemäß dem, was auftaucht, unsere eigene Wirklichkeit.

Wenn wir meditieren, versuchen wir diesen Prozess zu unterbinden. Wir werden gewahr, wie wir auf bestimmte Dinge reagieren. Uns wird dadurch bewusst, welche Wirklichkeiten wir immer wieder erzeugen – durch die Art, wie wir etwas bewerten, vergleichen.

Wenn wir die Seligkeit, die Stille des reinen Gewahrseins, erleben wollen, üben wir uns darin, alles so sein zu lassen, wie es ist, und es lediglich mit offenem Herzen zu bezeugen.

Nichts muss anders sein. Alles darf angenommen, aufgenommen, erlebt sein. Das ist im Grunde die völlige Hingabe ans Leben.

Ohne ein „Richtig", ohne ein „Falsch". Egal, ob „gut" oder „schlecht". Denn was ist der Bezugspunkt?

Das heißt, in der wahren Stille gehen wir über die Dualität hinaus. Wir üben uns in Gleichmut. Wir lernen die Aufs und Abs gleichwertig anzunehmen. Wir bewerten auch nichts als „gut". Denn wo es ein „Gut" gibt, gibt es auch ein „Schlecht".

Wir greifen in nichts ein.

Wir ziehen von nichts, was auftaucht, etwas ab und fügen auch nichts hinzu. Und so bekommt nichts, was auftaucht, einen Bezug. Wir müssen es nicht greifbar machen, und wenn wir es nicht begreifen müssen, kann der Verstand zur Ruhe kommen, still sein. Und dennoch tauchen Dinge auf. Aber sie tauchen ohne Wertung auf und ohne einen Bezug.

Wenn du dich darin übst, kannst du feststellen, dass du irgendwann in dieser Akzeptanz, die du erreicht hast, einen tiefen Frieden fühlst, weil nichts, was da ist, stört. Du bekommst ein Gefühl für dieses friedliche „Sosein".

Und in einem weiteren Schritt verlagerst du dich in dieses Sosein hinein. Du hast dann keinen bestimmten Bezugspunkt zu den Dingen. Da gibt es kein Subjekt und kein Objekt. Du wirst eins mit den Dingen. Du verschmilzt mit dem, was ist.

Du wirst merken, es ist nicht mehr wichtig, was auftaucht, sondern du entdeckst die immerwährende Präsenz. Alles kann kommen und gehen. Die Präsenz kann nicht verschwinden. Sie ist der Grund aller Dinge. Wir können uns in die Präsenz nicht hineindenken, aber wir können im Körper Balance schaffen. Wir können auf die Atmung achten und dadurch den Geist beruhigen. Wir können die Absicht haben, nicht zu benennen, zu bewerten und zu vergleichen, die Dinge so anzunehmen, wie sie sind. Wir können die Dinge kommen, verweilen und gehen lassen. Wir können entdecken, wie friedlich wir mit all dem sind, was auftaucht. Dann können wir uns darin üben, nicht mehr auf die Dinge zu schauen, sondern den Frieden zu erblicken. Je mehr wir uns in den Frieden hinein verlagern können, desto mehr dehnt er sich aus und wir dehnen uns aus – in eine unendliche Weite. Diese Weite ist seligmachend. Die Seele geht auf, sie erfreut sich, sie ist glücklich, weil sie Raum bekommt, so zu sein, wie sie ist: rein und ein Abbild des Göttlichen, denn sie ist göttlich.

Begrüße alle Facetten deines Lebens

∞ ∞ ∞

Hadern wir mit unserer Vergangenheit,
mit dem, was war,
haben wir in der Tiefe nicht verstanden,
was es für uns zu lernen gab.

∞ ∞ ∞

Schließe Frieden mit der Vergangenheit

Wir können vergangene Situationen nicht rückgängig machen, aber wir können Frieden schließen mit der Vergangenheit, indem wir die Gefühle und die Energie befreien, die uns an frühere Situationen binden. Dazu ist es notwendig, uns an den Ort zu erinnern, der nicht beurteilt, weder in gut oder schlecht, richtig oder falsch einteilt.

Was unser konditionierter Geist als negativ beurteilt, hat häufig mit Gefühlen zu tun, die uns unangenehm sind. Stell dir vor, wir hätten keine Abneigung gegenüber der Traurigkeit. Stell dir vor, wir wären fähig, das Leid als Unterricht anzunehmen, als Chance auf Heilung.

Wir würden begreifen, dass die Wut uns hilft, uns abzugrenzen, uns selbst Raum zu geben, um kreativ sein zu können. Wir würden Neid so verstehen, dass er uns zeigt, wonach wir uns sehnen, was wir brauchen. Wir würden in der Eifersucht unsere Sehnsucht nach Sicherheit sehen.

Meist bejahen wir die positiven Gefühle und negieren die vermeintlich negativen Gefühle. Gibt es einen Ort in uns, der beide da sein lässt? Einen Punkt, an dem alle Gefühle, die unterschiedlichsten Facetten unseres Lebens sein dürfen?

Dein Blick formt dich und deine Zukunft

Wie blickst du auf deine Vergangenheit zurück? Und wie fühlst du dich, wenn du deine Vergangenheit so interpretierst, wie du sie interpretierst? Blickst du auf eine Art zurück, die dir guttut, die dich herunterzieht oder die dich neutral sein lässt?

Wie denkst du über deine Zukunft? Fühle und entscheide selbst, ob du sie so sehen willst, wie du sie siehst.

Es ist sinnvoll zu prüfen, wie wir schauen, mit welchen Augen wir die Welt sehen. Je nachdem, wie wir die Dinge bewerten, fühlen wir uns jetzt. Was wir fühlen, ist ausschlaggebend für das, was jetzt zu uns kommt. Und aus diesen Gefühlen, die sich aus diesem Blick entwickeln, kreieren wir unsere Zukunft.

Spüre jetzt in deinem Körper, wie du die Dinge siehst. Welche Rückmeldung gibt dir der Körper? Er formt sich nach dem, wie du die Dinge siehst, wie du deine Vergangenheit bzw. deine Zukunft begreifst.

Alles ist Gnade

Ein Meister sieht Gott in allem.

Wo ist Gott nicht? Wenn deine Schau von Ihm erfüllt ist, wirst du Ihn überall sehen und merken, dass alles Gnade ist. Und du kannst für jeden Augenblick deines Lebens dankbar sein.

Die großen Meister sagen: Sei für alles, was da ist, dankbar, denn es dient dir. Gott ist Liebe und alles, was dir widerfährt, ist Gnade, ist Seine Liebe. Alles passt, so wie es ist. Gott ist da. Präsenz ist da.

Was hindert uns daran, alles permanent als Gnade zu sehen?

Höhen und Tiefen vereinen

Lass erst einmal alles in dir aufsteigen, das ist die Grundübung. Es ist eine grundsätzliche Erlaubnis, die du dir geben solltest, damit das Leben fließen kann.

Die „Aufs“ und „Abs“ des Lebens, die sogenannten positiven oder negativen Gefühle, gehören zusammen. Wir können nur so weit aufsteigen, wie wir auch die Tiefs, das sogenannte Negative, zugelassen haben.

Im Zulassen von Negativem und Positivem gibt es keine Wertung, es ist einfach so, wie es ist.

Manche meinen, wenn wir erleuchtet sind, hätten wir nur „positive" Gefühle. Das entspricht nicht dem Leben. Und das können wir auch bei keinem Heiligen und keinem Meister sehen.

Die Meisterschaft liegt darin, das Positive und das Negative zu vereinen, indem wir es zulassen.

Wir können die Hochs und das Positive nur erleben, wenn wir auch die Tiefs zugelassen haben, weil sie Energie sind und Energie sich bewegen möchte. Der geistige Aufstieg ist die Vereinigung von beidem.

Du musst nichts tragen

Wenn du für andere Menschen viel Verantwortung trägst: Wo ist dein Vertrauen, dass sie in Gott getragen sind?

Wir sollten niemanden tragen. Auch uns selbst nicht, obwohl wir uns immer wieder der Illusion hingeben, wir könnten das.

Vielleicht fühlst du eine große Verantwortung für andere Menschen. Erlaube jetzt, dass Gott sie trägt. Gott kümmert sich um ihre Seelen. Viel besser, als du es könntest. Mach dir das bewusst.

Immer wenn wir den Glauben an die beschützende Kraft des Göttlichen verloren haben, übernehmen wir.

Achte einfach darauf und heiße auch all deine Argumente dagegen willkommen. „Ja, aber man kann doch nicht ...“ Prüfe, inwieweit du dich und andere sein lässt, und vertraue.

∞ ∞ ∞

In unserer größten Blockade liegt die größte Befreiung unserer Herzensqualitäten.

∞ ∞ ∞

Hingabe an den göttlichen Plan

Wir alle dürfen durch die Schule des Lebens gehen, die nicht immer leicht ist. Viele Lektionen können wir nur mit unserem Herzen verstehen, weil diese Pläne aus einem Herzen heraus geschmiedet wurden. Häufig versuchen wir sie mit unserem gewöhnlichen Geist zu durchschauen. Doch wenn wir manchmal auch nur einen Hauch dieses göttlichen Plans in unserem Herzen wahrnehmen, werden wir demütig gegenüber der unglaublich großen Intelligenz, die dahinter wirkt. In dem Augenblick spüren wir Hingabe und Vertrauen in das, was ist – kein permanentes Klagen, Jammern und Trotzen. Hingabe und Demut haben den Weg zum Aufstieg der großen Seelen geebnet, die Erfüllung des göttlichen Plans in ihrem Herzen.

In der Spiritualität beginnen wir, unserem Herzen zu folgen, ihm treu ergeben zu sein. Manchmal haben wir das Gefühl, unserem Herzen nicht folgen zu können, weil wir es nicht richtig fühlen, die Stimme des Herzens nicht hören, weil Schmerz und Leid sie überlagern. Dann ist es wichtig, dieses Herz zu heilen, indem wir es sanft berühren, fühlen und befreien.

∞ ∞ ∞

Was hat die Seele in Gottes Liebessystem zu lernen?

∞ ∞ ∞

Prüfsteine des Glaubens

Nur tief in unserem Herzen können wir die Stimme Gottes wahrnehmen. Die geistige Schulung hilft uns, in Verbindung mit unserem Herzen zu kommen, diese Verbindung zu vertiefen, unser Dasein tief in unserem Herzen gründen zu lassen, nicht in den Projektionen unseres Geistes. Der Geist muss ganz still werden, damit wir uns in das Herz versenken können. Und dort können wir uns selbst finden, die Aufgabe unseres Lebens und auch die Kraft für die Erfüllung unserer Aufgabe.

Sobald unser Geist ruhig wird und spiegelt, was da ist, fällt reines Licht auf unser Wesen und erfüllt es.

Und gleichzeitig kommen alle Schatten zum Vorschein. Auch wenn es anstrengend sein mag, durch dieses Dunkel hindurchzugehen, ist es ein wesentlicher Punkt der Läuterung. Schrecken wir ängstlich davor zurück, laufen wir weg, verlieren wir uns in Projektionen und in Angst, geben wir uns nicht diesem Läuterungsprozess hin.

Es ist unglaublich wichtig, dass wir in solchen Phasen unserem Herzen treu bleiben und unser Leben weiterhin auf einem festen Glauben gründen lassen in der Absicht, ein Leben in Gott zu führen – gemäß den geistigen Gesetzen, gemäß der göttlichen Ordnung.

Häufig stellt unser Leben einen Prüfstein dar. Einen Prüfstein für unseren Glauben. Einen Prüfstein für unsere Treue, für unsere Aufrichtigkeit. In Phasen unseres Lebens, in denen wir das Gefühl haben, das Leben stellt uns auf die Probe, werden wir geformt. Wir werden möglicherweise auf größere Aufgaben vorbereitet.

Aber ob wir fähig sind, uns diesem Läuterungsprozess hinzugeben, hängt davon ab, inwieweit wir in unserem Glauben gefestigt sind. In dem tiefen Glauben, dass wir in unserem Herzen mit Gott vereint sind.

Können wir im Einklang mit unserem Herzen, mit diesem göttlichen Willen handeln, bringt sich das Göttliche durch uns zum Ausdruck. Dann erfüllt sich der göttliche Plan durch uns. Geben wir das, was wir an Licht, Liebe, Segen, Geborgenheit empfangen, auch wieder in diesen Kreislauf hinein, indem wir entsprechend in der Welt handeln, erfüllen wir unsere Bestimmung.

Ein stiller Geist ist nicht das endgültige Ziel. Wenn der Geist still ist, die Dinge spiegelt, wie sie sind, dann beginnt wahrhaftiges Leben. Weil die Seele die Möglichkeit bekommt, ihre Göttlichkeit zum Ausdruck zu bringen.

∞ ∞ ∞

Wenn du zu dem Menschen wirst,

den du dir am meisten wünschst in der Welt,

heilst du dich und andere.

∞ ∞ ∞

Lichtvolle Vorbilder für deinen Weg

Erlaube dir, das äußere Leben für kurze Zeit abzustreifen, indem du dich deinem inneren Leben zuwendest. Und erlaube dir, alles, was dich umgibt, so anzunehmen, wie es ist.

Können wir das Leben so annehmen, wie es ist? Es geht nicht darum, immer gleich auf alles zu reagieren, tätig zu werden, vielleicht etwas abzuwenden oder sich einzumischen, sondern die Dinge sein zu lassen und nicht gleich eine Lösung finden zu müssen. Das ist nicht leicht und eine zunächst sehr ungewohnte Haltung.

Haben wir ein lebendiges Modell, wo wir das gelebt sehen? In unserer Familie? Unter unseren Freunden? Wer hat uns vorgelebt, was wahre Hingabe, Demut und wahres Gottesvertrauen ist? Was es heißt, sich und die Dinge sein zu lassen? Nicht vor Hindernissen zurückzuschrecken, aber sich auch nicht nach außen stärker zu demonstrieren, als man ist. Wer hat uns die Fähigkeit vorgelebt, auch unangenehme Dinge, die wehtun, wirklich in der Tiefe zu durchleben? Ohne sie verdrängen zu wollen und ohne sich darin zu verlieren? Welche Vorbilder hast du kennengelernt? Kannst du diese Qualitäten bei deinem Vater entdecken? Bei deiner Mutter? Bei Geschwistern, Onkeln, Tanten oder Cousins? Bei Freunden der Familie oder LehrerInnen?

Möglicherweise üben wir uns in etwas, was wir so in unserem Leben noch nie kennengelernt haben, und deshalb fällt es uns manchmal auch nicht so leicht. Wenn wir ein Modell dafür haben, können wir uns abschauen, wie es geht. Wir können von jedem Menschen lernen, jeder hat seine Qualitäten, jeder ist besonders und einzigartig und jeder trägt einen Schimmer von Licht in die Welt. Das finden wir bei allen Menschen, wenn wir tief genug schauen. Doch bei manchen ist dieses Licht ganz offensichtlich.

Finden wir solch ein Modell oder Vorbild und diese Qualitäten in den großen Seelen, die den Weg vor uns gegangen sind? Vielleicht sollten wir uns an die Meister wenden, die die Herausforderungen des Lebens kennen: die Freuden, aber auch den Schmerz und die beides hinnehmen und annehmen konnten.

Erlaube dir, dich innerlich mit so einer Seele zu verbinden, mit einem Menschen, der diese Haltung hat. Gibt es möglicherweise in der geistigen Welt ein Wesen, das dich unterstützen kann, das dir Vorbild, Modell sein kann? Weil es genau die Herausforderungen kennt und die Qualitäten verwirklicht hat, nach denen du dich möglicherweise sehnst.

Alle großen MystikerInnen und Heiligen hatten ihre Ängste, ihre Verzweiflung, ihren Schmerz, ihre Freuden, ihre Segnungen, hatten ihre Visionen, Herausforderungen und Prüfungen. Doch wie sind sie damit umgegangen? Was unterscheidet diese großen Seelen von gewöhnlichen Menschen? Wenn wir ihre Demut spüren, ihre Hingabe, ihre Liebe, ihr Licht, wenn wir ihre Ehrfurcht, ihre Dankbarkeit erkennen, erinnert sich etwas in uns, in unserem Herzen. Diese Qualitäten, nach denen wir uns sehnen, haben wir in uns. Es geht dabei um unsere Verwirklichung, unsere Meisterschaft.

Erlauben wir uns, göttlichen Wesen wahrhaftig zu begegnen? Mit all unserer Liebe, unserer Sehnsucht, unserem Dank, aber auch mit all dem Schmerz und den Herausforderungen des alltäglichen Lebens. Die göttlichen Wesen helfen uns, Kontrolle abzulegen, uns von unseren Ängsten zu befreien, uns in unserem Glauben zu stärken, sie erinnern uns daran, wer wir sind.

Es ist ein intensiver Weg, aber erlaube dir, diesen intensiven Weg zu gehen. Es ist der Weg zurück zu deinem Herzen, zurück nach Hause. Und es gibt Menschen und Wesen, die dir dabei helfen. Erlaube dir, ihre Unterstützung, ihren Segen anzunehmen.

∞ ∞ ∞

Alle Wesen des Lichts sind im Grunde Qualitäten unseres Herzens und durch ihre Präsenz bringen sie uns in Verbindung mit dieser Qualität.

∞ ∞ ∞

Im strahlenden Feld des Bewusstseins

Unsere lichtvollen BegleiterInnen lösen nicht die Probleme für uns, kein Wesen übernimmt das. Aber sie unterstützen uns dabei, in dieses intelligente Feld des Bewusstseins einzuziehen, dorthin, wo alles Erlösung finden kann und tiefe Heilung durch Selbsterkenntnis geschieht.

Alle Wesen, die im Licht Gottes handeln, bewegen sich in diesem intelligenten Feld des kosmischen Bewusstseins. Wenn wir uns von Liebe zu Liebe, von Weisheit zu Weisheit, von Kraft zu Kraft mit ihnen verbinden, sind wir uns selbst ganz nah.

∞ ∞ ∞

Wenn wir mit dem Herzen rufen, wird jeder Ruf erhört.

Kein Wesen, das in Liebe ist, kann dem widerstehen.

∞ ∞ ∞

Du bist nicht allein

Rufe mit deinem Herzen und deiner Sehnsucht nach gelebter und erfüllter Verbindung. Rufe alle, die du in deinem Herzen so sehr vermisst. Lass dein Herz berührbar sein und höre und spüre ihre Antworten. Das kann in Form von Worten sein oder als tiefe Regung in deinem Herzen. Achte auf die Feinheiten – die geistigen Wesen kommunizieren sanft und fein mit dir. Wenn du sie in Liebe anrufst, kommt es ganz sicher bei ihnen an.

Du kannst ihnen alles erzählen. Möglicherweise fühlst du deine Lieben sofort, möglicherweise braucht es Zeit. Aber du wirst merken, wenn du dich derart öffnest, werden sie zu dir kommen, mit dir sein.

Vielleicht siehst, hörst und spürst du die Sanftheit ihrer Berührung. Wenn du das immer wieder erfahren kannst, fühlst du dich nicht mehr einsam. Du bist nicht allein.

∞ ∞ ∞

Alles wird zu dir kommen,

wenn du so weit bist.

Vertraue darauf.

Vertraue auf dein Tempo.

Vertraue in die Liebe Gottes.

∞ ∞ ∞

Antworten jenseits unserer Konzepte

Jeder Ruf des Herzens, der von dir ausgeht, jede Bitte wird in der geistigen Welt gehört. Daran besteht kein Zweifel.

Je genauere Vorstellungen du davon hast, wie auf deine Bitten geantwortet werden soll, desto mehr begrenzt du dich: Du bist voller Erwartungen und Konzepte, und wenn es nicht so kommt, wie du meinst, möglicherweise voller Enttäuschung.

Mach dir keine Vorstellung davon, wie dir geholfen wird. Sei offen, wach und achte auf die Geistesblitze. Vielleicht kommt die Unterstützung in deinen Träumen, du hörst Antworten auf deine Fragen im Radio, ein Baum spricht zu dir … es gibt unendlich viele Möglichkeiten.

Gott versucht immer so mit dir zu kommunizieren, dass du es verstehst, also in deiner Sprache. Wichtig ist nur, dass du geistig still bist, sonst kannst du ihn nicht hören. Erlaube dir, für die Wege deiner persönlichen Heilung offen, in freudiger, sanfter Gespanntheit zu sein.

∞ ∞ ∞

Unterschätze die unglaublichen Kräfte der Lichtwesen nicht. Sie helfen dir, zu deiner Kraft zu finden.

∞ ∞ ∞

∞ ∞ ∞

Erlaube dir, für deine Heilung zu beten
und für die Heilung jedes Einzelnen, der Heilung bedarf.
Es gibt so viele Menschen, die sich
nach diesem Licht, nach Lebensmut sehnen.

∞ ∞ ∞

Lebe aus deiner Fülle

Die Fülle in dir

Wenn wir in Stille sitzen, erinnern wir uns daran, dass wir erfüllt sein dürfen. Wir erinnern uns an das göttliche Erbe in uns: an die Aufgabe, die wir in unserem Herzen finden, an ihre Erfüllung und unser Erfülltsein. Es ist unser Recht, erfüllt, in Freude, glückselig und in Liebe zu sein.

Wann öffnen wir uns für die Leichtigkeit, Freude und Erfüllung? Kennen und tun wir die Dinge, die leicht sind und uns Freude bringen? Und kennen wir die Gründe, weswegen wir nicht so leben? Wie häufig tragen wir Sätze in unserem Geist wie „Das kann ich nicht“, „Das tut man nicht“, „Ich sollte dies, ich sollte das“?

Trau dich, in Fülle hier zu sein, in all deiner Größe, Schönheit und Liebe.

∞ ∞ ∞

Erlaubst du dir, in Fülle zu sein?

Erlaubst du dir Reichtum auf allen Ebenen?

„Ja, ich erlaube es mir!“

∞ ∞ ∞

Von Anstrengung und Leichtigkeit

Kannst du sehen und wertschätzen, was du für andere Menschen tust und bereits getan hast? Was davon war für dich ganz selbstverständlich und fiel dir leicht?

Nicht nur die Dinge, die anstrengen, haben einen Wert – im Gegenteil: Die Dinge, die dir leichtfallen, haben den größten Wert! Sie entspringen deinem Wesen – du kannst gar nicht anders. Würdigst du genau das, bist du diesem inneren Wesen in dir ganz nah.

Es ist verrückt, wenn wir wertschätzen und anerkennen, was anstrengend ist. Und es ist paradox, uns darüber zu definieren – als wäre das, was leicht ist und unserem Wesen ganz natürlich entspringt, nicht genug. Wann sind wir uns selbst genug? Wann umarmen wir unser inneres Wesen und lassen es in all seiner Schönheit und Leichtigkeit sein?

Wenn dieses innere Wesen – in seiner Liebe, Güte und lichtvollen Art – mehr zum Vorschein kommt, werden wir merken, wie sinnlos es ist, uns immer wieder so viel Verantwortung und Bürde aufzuerlegen, dass wir nicht mehr strahlen.

Erlaube dir, zu diesem leuchtenden Wesen in dir geführt zu werden, diesen Teil in dir stärker zu fühlen und kennenzulernen, damit er sich mit all seinen Qualitäten immer mehr offenbaren kann. Du wirst merken, wie dankbar dein inneres Wesen ist, wenn es einfach sein darf. Und es wird da sein, wenn du dir erlaubst, freudig zu sein. Es ist ein

Prozess des „Sich-Loslassens“, damit sich dieses innere Wesen offenbaren kann. Du musst dabei nichts tun. Du kannst dich nicht besser machen, als du bist. Du kannst alles ausziehen, was du dir angezogen hast.

Erlaube dir Freude! Erlaube dir Erfüllung und Reichtum! Erlaube dir Liebe! Erlaube dir Erleuchtung! Erlaube dir die Befreiung aus dem Kreislauf! Versuche es einfach! Vielleicht stößt du auf Widerstand. Aber du erlaubst es dir trotzdem.

Indem du das tust, bezeugst du die Qualitäten deiner wahren Natur und beginnst dich langsam damit zu identifizieren, was du wirklich bist: reine Glückseligkeit. Erlaube dir, dich an das zu erinnern, was du wirklich bist!

∞ ∞ ∞

Auf dem Weg zur Fülle können wir
unsere Begrenztheit erkennen.
Aber es geht nicht um diese Begrenzungen.
Wir schauen hinter die Begrenzungen.
Auf das, was sein möchte.

∞ ∞ ∞

In der Vollständigkeit ankommen

Die Meister sagen uns: „Du bist Sat-Chit-Ananda. Du bist reine Glückseligkeit."

Wenn wir uns dafür öffnen, gibt es keinen Mangel, sondern absolute Fülle.

Einerseits können wir uns dahingehend öffnen und feststellen, dass wir tatsächlich Glückseligkeit sind, und zum anderen können wir lernen, aus dieser Fülle heraus unser Leben zu kreieren. Verbinden wir beides miteinander, führen wir ein erwachtes, spirituelles Leben. Spirituell nicht nur, weil wir einer spirituellen Praxis nachgehen, sondern weil wir aus dem Geist der Vollständigkeit, der Seligkeit leben.

Wir sehnen uns alle nach dieser Glückseligkeit. Nur wo wir sie suchen, macht den großen Unterschied.

Wenn wir eine kraftvolle Meditationspraxis haben, die uns hilft, immer wieder bei uns selbst anzukommen, zu prüfen, wie lebendig wir sind, und wenn wir die Schlüssel kennen, mit denen wir die Türen – unsere Chakren – wieder öffnen können, dann ist diese Glückseligkeit kein Zufall.

Das Erleben dieser Glückseligkeit ist nichts anderes als das Erleben von Angekommensein. Da ist alles genug. Da gibt es nichts, was wir sein müssen oder sein sollten. Da gibt es auch nichts, was wir brauchen. Wir öffnen uns, wir schauen und wir erkennen. In diesem Moment wird die Sehnsucht gestillt und das Herz wird still.

∞ ∞ ∞

Erlaube dir, tiefe Freude zu empfinden,
die von nichts abhängt.
Öffne dich für einen Geist, der bereits erfüllt ist.
Der Geist, der bereits erfüllt ist, braucht und will nichts.
Wenn du dich diesem Geist, diesem
natürlichen Zustand in dir, annäherst,
wird es immer friedlicher und ruhiger in dir.

∞ ∞ ∞

Nicht im Außen, sondern in dir

Wenn wir die Natur unseres Geistes erfahren, sind wir in absoluter Fülle und fühlen Leichtigkeit, Freude, Liebe – all das, wonach wir uns sehnen. Doch wie oft jagen wir den Dingen im äußeren Leben hinterher und verlieren dabei aus den Augen, was wir wirklich wollen?

Alle großen Yogis sagen, dass die Fülle in uns ist. Dass all die Suche in der äußeren Welt eine sinnlose Projektion ist. Wenn wir in Stille meditieren, folgen wir dem Rat dieser großen Meister. Wir suchen nicht mehr und erinnern uns an die Fülle unseres eigenen Geistes.

Erlaube dir, in den Raum der Segnungen einzutreten. In einen Raum, der dich an deine Fülle erinnert und in dem sich das Herz emporhebt. Dort, wo alles willkommen ist – jede Berührung, jeder Widerstand. Wo alles einfach ist und sich die Energie in dir frei entfalten darf. Du musst nichts tun, was anstrengend ist. Du musst nicht anders sein, als du jetzt gerade bist. Weder offener, noch liebevoller, noch ehrlicher – nichts dergleichen.

Auch in Zeiten großer Herausforderungen suchen wir die Natur unseres Geistes auf. Jeder kennt diese Herausforderungen, jeder kommt an seine Grenzen, jeder kennt Zweifel, jeder kennt Angst. Ob es uns gut oder schlecht geht, ob viele Herausforderungen da sind oder keine, wir richten uns auf diesen Geist der Fülle aus – regelmäßig und beständig.

Frei von Abhängigkeiten

Suchen wir aus einem Mangel heraus etwas im Außen und finden dort die Erfüllung, entsteht Abhängigkeit!

Wir schaffen möglicherweise Strategien, wie wir etwas in der äußeren Welt finden können und entfernen uns von uns selbst.

Und selbst wenn wir etwas finden, werden wir Angst haben, es wieder zu verlieren. Weil wir es nicht in uns gefunden haben! Und wir müssen es auch wieder verlieren, sonst könnten wir nie unsere Vollständigkeit erleben! Wenn wir das begreifen, ist jeder Verlust eine Gnade!

Frei in Beziehungen

In Beziehungen verlangen wir häufig von dem anderen, einen Mangel in uns auszugleichen. Wird in einer Beziehung etwas nicht erfüllt, können wir all unsere Vorstellungen und Erwartungen wahrnehmen.

Niemand hat unterschrieben, etwas erfüllen zu müssen, und wir auch nicht. Fordern wir das aber, sehen und respektieren wir den anderen nicht. Wir stülpen ihr oder ihm eine Idee von uns über und hoffen, dass sie erfüllt wird. Stattdessen könnten wir uns selbst um unsere Bedürftigkeit kümmern und das Gesuchte in uns finden.

Es ist eine Möglichkeit zu sagen: „Dort wird es nicht erfüllt, dann suche ich mir jemand anderen, bei dem es erfüllt wird." Aber können wir uns für mehrere Formen der Erfüllung öffnen?

Was suchen wir eigentlich bei einem anderen Menschen? Warum meinen wir, dass wir einen anderen Menschen für unsere Erfüllung brauchen? Solange wir diese Idee haben, können wir nicht frei sein. Das heißt nicht, so zu tun, als hätten wir keine Bedürfnisse, aber wir ergründen zuerst den Mangel in uns und stellen fest, wodurch er entstanden ist.

Wofür brauchen wir den anderen überhaupt? Weil wir ein Problem mit Einsamkeit haben? Weil wir körperliche Nähe brauchen? Um was geht es uns eigentlich?

Je mehr wir einen vermeintlichen Mangel zu unserem Herzen zurückführen, desto freier sind wir. Frei für eine wahrhaftige Beziehung.

Blicke auf Gott

Solange wir die wahrhaftig göttliche Liebe nicht gefunden haben, suchen wir die Liebe im Außen. Meist erwarten wir zu viel von anderen Menschen und hoffen, dass sie uns Erfüllung schenken. Das erzeugt viel Druck und Abhängigkeit.

Wenn wir unsere Bedürfnisse in Gott erfüllt fühlen, können wir Menschen freilassen und einfach genießen, was und wie sie sind. Wir müssen den Blick von außen nach innen wenden, wo wir dieser Erfüllung begegnen können. Es ist wie ein Blickwechsel: Wir schauen einfach woanders hin. In dem Woanders-Hinschauen beginnt schon der Prozess des Loslassens.

Manche Menschen haben Angst vor diesem Blickwechsel, weil sie fürchten, sie könnten etwas verlieren. Wenn die Sehnsucht nach göttlicher Erfüllung, nach wahrer Liebe größer ist als die Macht der Anhaftungen, können wir diesen Wechsel vollziehen. Wenn die Sehnsucht nicht groß genug ist, schaffen wir es nicht. Wir haben nicht die innere Kraft dazu. Es fehlt das innere Feuer. Dann ist es einfach noch nicht an der Zeit. Wenn das Herz aber danach ruft, ist es leicht, weil wir all der anderen Dinge müde sind und erkannt haben, dass wir im Außen nicht das finden können, wonach wir uns in Wahrheit sehnen.

Gegensätze im Gleichgewicht

Alles, worunter wir leiden, hilft uns, den Gegenpart dazu zu finden. Wir können zum Beispiel Einsamkeit nur wahrnehmen, weil wir ein Gefühl der Verbundenheit kennen. Wir können Unsicherheit nur wahrnehmen, weil uns auch das Gefühl von Sicherheit bekannt ist.

Wenn wir beides in unserem Herzen finden, da sein lassen und sehen, weitet sich unser Geist. Dies geschieht durch das mitfühlende Sehen der Gegensätze. Wir fokussieren weder das eine noch das andere.

Wir erkennen, dass wir beides in uns haben, dass nichts fehlt. Es ist weder das eine noch das andere. Es ist beides und doch geht es weit darüber hinaus. Wir schaffen Bedingungen dafür, dass sich die duale Welt in uns vereint. Wir können die Welt der Dualität nur mit einem absoluten Blick durchdringen.

Erfülltsein im Jetzt

Manchmal haben wir ein Gefühl dafür, was uns in der Welt fehlt, und wir versuchen unsere Sehnsüchte zu stillen, unsere Wünsche zu erfüllen. In dem Augenblick erarbeiten wir uns eine vermeintliche Zufriedenheit – die allerdings oft nur kurz währt. Der Geist selbst, der so denkt, lässt keine Erfüllung zu, weil er immer sucht und meint, wenn er im Außen etwas klärt, wäre er erfüllt. Es sind Konzepte und Strategien, wie wir meinen, Erfüllung zu finden – Projektionen, denen wir ein Leben lang hinterherlaufen können und die uns doch nicht mit dem in Kontakt bringen, was wirklich erfüllt werden soll.

Es kann sein, dass wir etwas verändern müssen. Aber wichtig ist, was wir fühlen: Wonach sehnen wir uns? Was ist unerfüllt in unserem Herzen? Sind wir in Verbindung mit dem, wonach wir eigentlich suchen?

Wir können genau jetzt in Fülle sein. Wir entscheiden, ob das Herz jetzt Erfüllung findet – und nicht erst, wenn wir unser Leben ändern und alle Rahmenbedingungen stimmen. Sonst wäre Erwachen nur in einer perfekten Umgebung möglich. Aber wir können überall mit der Fülle in Berührung sein.

∞ ∞ ∞

„Wenn ich das erlöst habe, dann …“
Dieses Denken begrenzt Leben, das jetzt sein möchte.
Und das Leben, das jetzt sein möchte,
wird morgen nicht sein.

∞ ∞ ∞

Erfüllt ins Ziel

Vielleicht kennst du das: Du erreichst viele Ziele und irgendwann stellst du fest, du gehst den Weg zu diesen Zielen immer auf dieselbe Art und Weise – und nutzt dabei gar nicht all deine Möglichkeiten. Diese eine Art, dich auszurichten und zu fokussieren, funktioniert nur bis zu einem gewissen Punkt. Denn möglicherweise stellt sich keine Erfüllung ein, egal, wie viele Ziele du noch hinzufügst und erreichst.

Wäre Erfolg nicht vielmehr, dich am Prozess selbst zu erfreuen? Am Ergründen selbst, am ewigen Entdecken?

Wie öffnest du dich für andere Möglichkeiten der Erfüllung, für das Leben in seiner Momenthaftigkeit, sodass es dich in deine eigene Tiefe führt? Dann geht es eher darum, bei dir selbst anzukommen, und nicht um das, was du im Außen geleistet hast.

Bereits erfüllt und doch im Prozess der Verwirklichung

Für das Materialisieren ist es wichtig, das zu visualisieren, wonach du dich sehnst. Sehe und fühle es als bereits erfüllt! Jetzt.

Lass zu, dass sich das Gefühl immer mehr in deinem ganzen Körper ausbreitet, und du beginnst es auszustrahlen. Vertraue darauf, dass das Universum darauf antworten wird – auf die Fülle, die du erlebst. So schaffst du immer mehr die Bedingungen dafür, dass dein Inneres in der äußeren Welt sichtbar wird.

Würdige deine wunderbaren Geschenke

Unser Körper hilft uns, unser volles seelisches Potenzial zu verwirklichen.

In der achtsamen Atempraxis achten wir den Körper als Geschenk des Lebens, wir achten alle Bereiche unseres Körpers. Es freut unseren Körper zutiefst, wenn wir dankbar für das sind, was permanent so selbstverständlich in uns abläuft. Wir müssen uns keinerlei Gedanken über unsere Verdauung machen – wir haben gegessen und es wird verdaut.

Je mehr wir uns mit dem Körper verbinden, desto mehr können wir uns auch am Atem erfreuen. Diese Freude kann sehr tief werden, wenn wir ergründen, wie er alles mit Leben versorgt, wie er Seele und Körper verbindet. Für viele ist es das Normalste der Welt, dass sie atmen – aber es ist nicht normal.

Jedes Mal, wenn wir meditieren, versuchen wir, den Tempel unserer Seele sauber zu halten. Wir versuchen, ihn nicht durch negative Gedanken zu verunreinigen. Es mögen belastende Gedanken da sein, aber wenn wir ihnen nicht erlauben, sich niederzulassen, verflüchtigen sie sich von selbst wieder.

Meist sind wir konzentriert auf die Gedanken und sind uns nicht darüber bewusst, was die Gedanken auslösen.

Wenn es uns gelingt, den Gedanken einfach nur auftauchen zu lassen und den Raum gewahr zu werden, in dem er auftaucht, erleben wir die Natur unseres Geistes. Die Natur unseres Geistes ist Freude. Diese Freude ist der Grund aller Dinge. Meist entdecken wir dieses Geschenk nicht, weil wir versuchen, die Inhalte des Geistes zu erforschen anstatt den Geist selbst.

Vieles ist für uns so selbstverständlich. Wenn wir etwas vermeintlich Selbstverständliches ergründen, werden wir merken, dass es ein Wunder ist, das sich uns von Moment zu Moment offenbaren möchte. Wenn sich Körper, Geist und Atem in Harmonie befinden, bekommen unsere Seele und unser Herz Raum. Und alles, was wir empfinden, sind Qualitäten des stillen Geistes. Wenn wir in diesem Bewusstsein meditieren, wird der ganze Körper immer mehr durchlichtet.

Genuss statt Verzicht

Wenn unser ganzer Körper von Licht erfüllt sein soll, ist es gut, wenn wir ihn immer tiefer erleben.

Nur das, was wir kennen, können wir verändern, transformieren, meistern. Wenn wir etwas unterdrücken, haben wir es nicht gemeistert. Können wir etwas zulassen, ohne uns darin zu verlieren, beginnt die Meisterschaft.

Wo erlauben wir uns, genussvoll zu sein, voller Freude im Leben zu sein?

Erlaube dir, alles in Fluss sein zu lassen, nichts zu bremsen. Bestrafe dich nicht für Gedanken, lass sie da sein, halte nicht an ihnen fest. Fühle und entdecke.

Bemerke, wo du Berührungsängste mit der Materie hast. Ist es die Sexualität? Ist es das Geld? Ist es dein eigener Erfolg? Worauf verzichtest du? Der Verzicht lässt uns das, was wir in uns haben, nicht transformieren, sondern zeigt uns primär unsere Angst, genau damit umzugehen.

Erlaube dir, dich immer tiefer für das zu öffnen, was in dir ist. Lass es da sein, sodass du dich daran freuen und es genießen kannst.

Erfüllte Beziehungen

∞ ∞ ∞

Wir können unseren Mitmenschen
kein größeres Geschenk machen,
als authentisch zu sein.

∞ ∞ ∞

Schenke dich, wie du bist

Wenn wir etwas schenken wollen, ist es das Beste, uns selbst zu schenken. Schenken wir uns in unserem Sosein, entfällt jeglicher Druck. Und das, was durch uns strömen will, kann durch uns strömen.

Alles, was wir hinzufügen, zusätzlich geben wollen, blockiert diesen Liebesstrom. Wir müssen nichts geben, wir müssen nicht besonders liebevoll sein, all diese Ideen kommen aus einem spirituellen Ego.

Geben wir dieses Wollen auf, und sei es nur für einen kurzen Augenblick, strömt feinste Energie aus unserem Herzen zu unseren Mitmenschen. Sie ist sanft, wunderschön und so kostbar.

Komm deinem Selbstbild auf die Schliche

Oft blockiert uns unser Selbstbild beim Erleben von wahrhaftigen Verbindungen – zu uns selbst und anderen. Doch wie können wir feststellen, was wir einer Begegnung in den Weg stellen?

Im Grunde erlauben wir uns auch im Miteinander mit anderen Menschen zu meditieren, also unsere Innenschau weiter zu kultivieren. Nur so ist es uns möglich, unsere Reaktionsmuster zu erkennen und unserem Selbstbild auf die Schliche zu kommen.

Indem wir darauf achten, was unser Gegenüber in uns auslöst, und vor allem indem wir alles uneingeschränkt in unserem Geist auftauchen lassen, erkennen wir die Dynamiken unseres Geistes.

Möglicherweise stellen wir fest, dass wir mit Kritik nicht umgehen können und sofort mit Verteidigung reagieren wollen. Dann ist es gut, innezuhalten und sich zu fragen, was wir eigentlich meinen verteidigen zu müssen? Unser Selbstbild?

Wir können dann tiefer gehen, indem wir fühlen, was uns wirklich dabei berührt hat.

Indem wir die Gefühle bejahen und ihnen Raum schenken, erkennen wir, wonach wir uns in dieser Verbindung sehnen, welche Bedürfnisse wir haben. Möglicherweise darf sich etwas Wundervolles in der Verbindung erfüllen.

Wenn wir uns dieser inneren Prozesse bewusst sind, können wir uns auch unserem Gegenüber klar mitteilen und so die besten Bedingungen für einen wahrhaftigen Austausch schaffen.

∞ ∞ ∞

Wenn wir aufhören, Liebe zu adressieren,
sind wir wirklich fähig zu lieben.

∞ ∞ ∞

Selbstbild und Fremdbild

Das Ego muss sich immer verteidigen, erklären, rechtfertigen, schützen und positionieren. Es kann allein nicht sein. Es braucht immer eine Form des Denkens, eine Form der Anhaftung, eine Form des Vermeidens, damit es existieren kann.

Wie viel Anstrengung kostet es, diesem Ego, dem Selbstbild von uns oder auch dem Bild der anderen von uns gerecht zu werden? Wer hat diese Bilder von uns gezeichnet?

Sei aufmerksam auf die Dynamiken in dir und bemerke, wie viel Energie du permanent aufwendest, um die inneren Bilder von dir aufrechtzuerhalten. Möglicherweise kannst du fühlen, wie sehr es dir die Luft zum Atmen nimmt.

Sei dir dessen bewusst: So wie du Bilder einst angenommen hast, kannst du sie auch wieder loslassen.

∞ ∞ ∞

Wenn wir einen Menschen ablehnen,
sollten wir uns fragen, was wir
in uns nicht annehmen können.

∞ ∞ ∞

Hab Freude an dir

Wir sind verbunden und doch geht jeder seinen einzigartigen Weg.

Jeder begibt sich in seine eigene Tiefe, die nur er für sich allein erleben kann.

Jeder lacht und weint, aber keiner kann eins zu eins so lachen wie du. Keiner lacht dein Lachen, keiner weint deine Tränen. Natürlich weiß ein anderer, was Weinen oder Lachen ist, das mag schon sein, aber deine Traurigkeit oder deine Freude kennt er nicht. Sie ist deine ganz persönliche Angelegenheit.

Auf dem inneren Weg begeben wir uns auf eine persönliche Reise, auf der wir uns erlauben, uns immer wieder neu kennenzulernen. Wir lassen dabei die Vorstellungen von uns los, damit sich uns die Schätze unserer Seele offenbaren können.

Auf dem Weg zu uns selbst erleben wir immer

mehr eine freudige Intimität mit uns selbst. Wenn wir mit uns selbst wirklich in Kontakt sind, fühlen wir uns nicht einsam. Wenn wir uns selbst finden, brauchen wir die anderen nicht und dadurch können wir ihr Sosein ganz frei genießen.

Das Faszinierende ist: Je verbundener wir mit uns selbst sind, desto verbundener fühlen wir uns mit anderen.

Deine und meine Welt

Wir schaffen die Welt von Moment zu Moment.

Fraglich ist, ob uns diese Welt Freude bereitet oder ob wir in ihr etwas vermissen. Möglicherweise fühlen wir uns einsam und sehnen uns nach wahrhaftiger Verbundenheit. Doch die Welt, die wir permanent kreieren, lässt dies nicht zu.

„Ein verdammter Traktor stört meine Mittagsruhe am heiligen Sonntag!“

Was ist passiert? Ein Geräusch wurde wahrgenommen, benannt als „Traktor“, bewertet als „verdammt“ gemäß der gesellschaftlichen Konditionierung „heiliger Sonntag“ und der gefühlten Wut, weil das Bedürfnis nach Ruhe nicht erfüllt wurde, er „stört meine Mittagsruhe“.

Ein geistiges Programm läuft ab, in einer unglaublichen Geschwindigkeit! Und so kreiert jeder seine persönliche Wirklichkeit und lebt in seiner Welt.

Wie können wir dann Verbundenheit erleben?

Fühlen wir uns verbunden, weil persönliche Wirklichkeiten harmonieren, weil ein ähnliches „Traktorprogramm" abläuft?

Wir werden häufig in die persönlichen Wirklichkeiten anderer Menschen eingebunden. Immer wieder binden auch wir Leute in unsere persönliche Wirklichkeit ein.

Sind wir uns dessen bewusst?

Wenn wir achtsam sind, können wir feststellen, wie wir unsere Welt immer wieder kreieren. Es kommt ein Impuls und wir werten ihn auf eine bestimmte Art und Weise aus.

Aber was würde geschehen, wenn wir das Geräusch Geräusch sein ließen?

Einzigartiges Verbundensein

Es gibt etwas, das in unserem Geist auftaucht. Und gleichzeitig gibt es etwas, das registriert, dass etwas in unserem Geist auftaucht.

Das, was auftaucht, ist begleitet von einem Gefühl und wir spüren eine Lebendigkeit in unserem Herzen. Und es gibt etwas, das sieht, dass Herz und Geist aktiv sind. Das ist der Zeuge der reinen Lebendigkeit.

Eine äußere Welt gibt es daher nicht. Der Verstand sagt: „Hier sitze ich und dort sitzt ein anderer" – der Verstand erzeugt immer Trennung! Es sei denn, er spiegelt das Herz wider – aber dann ist er ruhig.

Der Verstand ist ein Teil unseres Geistes und ein ruhiger Geist spiegelt das, was ist.

In diesem Augenblick ist Leben, ist Weite in uns und wir sind uns dessen gewahr. Es gibt eine Gleichzeitigkeit.

Wenn wir fühlen, dass „der andere" ein Teil von uns ist – ein einzigartiges Auftauchen in unserem Geist – dann fühlen wir uns verbunden. Dieses Verbundensein ist absolut lebendig, und wir bekommen immer mehr Freude daran, es einfach nur zu schauen. In diesem Augenblick haben wir weder einen Fokus noch suchen wir nach etwas. Diese „Schau" an sich ist die Übereinstimmung!

Nur bei dieser göttlichen Schau sind wir wirklich in Übereinstimmung, verbunden und eins!

In unserer Einzigartigkeit sind wir alle verschieden. Wir sind einzigartig und verschieden und doch sind wir eins. Beides gilt. Der Geist umfasst und durchdringt alles. Jede Einzigartigkeit ist ein Teil von uns, sonst könnten wir sie nicht in uns wahrnehmen. Wenn wir das erleben, ist es ein permanentes Erstauntsein. Das ist Leben! Das ist Lebendigkeit! Wo Lebendigkeit sein darf, fühlen wir uns verbunden und wissen, dass alles mit uns zu tun hat – weil wir das sind!

Liebe in Balance zwischen Himmel und Erde

Erlaube dir, dich an die vielen Möglichkeiten zu erinnern, die du hast, um dein Leben zu kreieren.

Häufig vereinnahmt uns das äußere Leben und wir reagieren nur noch auf die vielen Impulse, die auf uns einströmen.

Die Meditation unterstützt uns dabei, aus dem Reagieren auszutreten und zu pausieren. Wir erkennen dadurch, dass dies nur eine Möglichkeit ist, in der Welt zu sein. Und je mehr wir uns aus den bestehenden geistigen Programmen herauslösen, desto mehr Möglichkeiten entdecken wir, wie wir unser Leben lichtvoll gestalten können.

Wir streifen das äußere Leben ab und tauchen ein in die Weite des Geistes, in das Feld der unbegrenzten Möglichkeiten. Mit voranschreitender Praxis gelingt es uns immer mehr, uns in den geistigen Räumen der Liebe und Verbundenheit zu bewegen. Dadurch erscheint wirklich alles in einem anderen Licht.

Wir beginnen plötzlich Liebe für Menschen zu empfinden, die wir noch nie mochten, und fühlen uns Menschen nah, die wir nicht wirklich kennen. Wir fühlen Liebe und Verbundenheit fernab des sozialen Miteinanders, das wir bislang gewohnt waren.

Damit wir die lichtvollere Schau auch in unserem alltäglichen Leben bewahren, ist es notwendig, uns in Achtsamkeit zu üben. Wach zu sein, damit die alten Gewohnheiten nicht greifen und ersetzt werden durch ein unmittelbares Erleben der unendlichen Möglichkeiten.

Daher schenken wir uns auch inmitten der Geschäftigkeit des alltäglichen Lebens immer wieder die Zeit zu pausieren, damit durch uns Liebe und Verbundenheit in unsere Familie, unsere Arbeit, in unsere Freundschaften, in die Welt einzieht.

Gib den Widerstand gegen die Liebe auf

Lenke deine Aufmerksamkeit zu deinem Herzen, zum Brustraum. Während der Atem kommt und wieder geht, spüre tief hinein, ob du die Liebe lebst, die dort in deinem Herzen ist. Kreierst du dein Leben aus den Tiefen deines Herzens? Schenkst du dich aus diesen Tiefen heraus, schenkst du das, was lebendig ist?

Das Einzige, was nicht weniger wird, wenn wir es verschenken, ist die Liebe. Sie wird mehr. Je mehr wir lieben, desto größer wird die Liebe in uns. Wir nähern uns dadurch immer mehr dem unendlichen Quell.

Manche befürchten, sie könnten verletzt werden, wenn sie ihr Herz öffnen und beginnen zu lieben. Dabei verletzen wir uns selbst, indem wir uns verschließen und Angst haben. Es tut weh, wenn die Liebe in unserem Herzen nicht fließen darf. Wir weisen uns selbst und die göttliche Liebe zurück, die durch unser Herz strömen möchte. Indem wir das tun, trennen wir uns von diesem Quell ab, der uns Stabilität und Sicherheit geben könnte.

Wenn wir meditieren, geben wir den Widerstand gegen die Liebe auf. Wir üben uns immer wieder darin, den Geist ruhig werden zu lassen. Wir lassen ihn nicht unser Herz versklaven. Auf diese Art und Weise wird unser Herz König sein und unser Geist darf dem Herzen dienen.

Erlaube dir, die Liebe in deinem Herzen zu wählen. Achte auf das, was in deinem Herzen lebendig ist, und bringe es in die Welt.

∞ ∞ ∞

Was wissen wir wirklich über einen anderen Menschen?
Wir können eigentlich nur sagen, wie es uns
in Verbindung mit ihm geht.

∞ ∞ ∞

Finde dich von Herz zu Herz

Wenn wir uns in der Tiefe fühlen, kommt unsere Seele zum Vorschein. In dem Augenblick, wo sie zu strahlen beginnt, hört das Denken auf und wir können wahrhaftig sein.

Durch unsere Meditations- und Achtsamkeitspraxis schenken wir unserer Seele den Raum, lichtvoll in der Welt zu sein.

Eine einfache Art, das Licht der Seele zu wecken, ist, sich von Herz zu Herz mit einer erleuchteten, geliebten Seele zu verbinden.

Verbinde dich mit jemandem, von dem dein Herz sich angezogen fühlt, der dein Herz wirklich kennt und die Liebe in dir berühren kann. Achte darauf, was durch dieses Liebesband in dir lebendig wird.

Welche Herzensqualitäten ziehen dich an? Sei dir klar darüber, dass du die Herzensqualitäten der geliebten Seele nur erkennen kannst, weil du sie selbst in dir trägst. Möglicherweise hast du sie noch nicht in dem Ausmaß wie die erleuchtete Seele verwirklicht, aber die Verbindung zu ihr wird dich dabei unterstützen, diese Qualitäten in deinem Herzen immer mehr zu entfalten.

Liebe ist ein Mysterium: Du erkennst dich im Geliebten. Daher kultiviere die Verbindung zu den erleuchteten Seelen, von denen sich dein Herz angezogen fühlt, da du dich in ihnen siehst.

∞ ∞ ∞

Einander auf Seelenebene zu begegnen,
ist eine Entscheidung, die wir immer treffen können.
Je öfter wir uns von Herz zu Herz verbinden,
desto selbstverständlicher wird es, im Herzen
miteinander zu sein. Und dort ist jeder in
Liebe frei und dennoch verbunden.

∞ ∞ ∞

Vereint im Herzen

Wie oft halten wir inne und erfreuen uns am Licht der Seelen?

Wir können immer wieder eine Verbindung von Herz zu Herz herstellen, unserem Gegenüber in die Augen schauen und bemerken, was in unserem Herzen dadurch lebendig wird. Wir achten dabei auf jede innere Bewegung und stellen fest, dass der andere sich nicht außerhalb von uns befindet – wir erfahren ihn als einzigartige Regung in unserem Herzen. Sobald sie sich in der Liebe unseres Herzens entfalten darf, fühlen wir uns zutiefst verbunden und erleben uns als Einheit, die weit über „ich“ und „du“ hinausgeht. Das ist die Essenz unserer Verbindung, jeder einzelnen Verbindung.

Es geht um dich

Erkenne, was deine Bedürfnisse, Lebenssituationen und Wertungen mit dir zu tun haben.

Wenn du mit anderen streitest und kämpfst, schau, wo du mit dir selbst kämpfst.

Wenn du in einer Beziehung immer wieder das Vertrauen betonst, schau, ob du dir selbst vertrauen kannst.

Wenn du darunter leidest, dass jemand unehrlich ist, schau, ob du ehrlich zu dir selbst bist.

Wenn du in einer Beziehung sehr viel Wert auf Treue legst, schau, ob du dir selbst treu bist.

Wenn du dich nach tiefer Verbindung zu anderen sehnst, schau, ob du mit dir selbst verbunden bist.

Wenn dir die Nähe zu anderen besonders wichtig ist, schau, ob du dir selbst nah bist.

Wenn du der Ansicht bist, dass andere dir nicht genügen, schau, ob du dir selbst genug bist.

Wenn du andere als primitiv und dumm bewertest, schau, wo du selbst primitiv und dumm bist.

Wenn du dich unverstanden fühlst, schau, wo du dich selbst nicht verstehst.

Wirf deine Sehnsüchte und Projektionen erst mal auf dich zurück. Möglicherweise kannst du dir selbst vieles geben, was du brauchst.

∞ ∞ ∞

Was nützt es, wenn wir in der Meditation lichtvolle Erlebnisse haben, wir aber unfähig sind, mit unserem Nächsten zu sein und zu erkennen, was in ihm lebendig ist?

∞ ∞ ∞

Entwickle dich in deinen Beziehungen

Es geht nicht darum, einen anderen Menschen zu verändern, ihn so zu machen, wie du ihn gerne hättest. Die Frage ist eher, was du durch ihn lernen kannst, wenn du ihn so lässt, wie er ist.

Zu akzeptieren, wie jemand ist, fällt uns eigentlich nur dann schwer, wenn wir uns dem Lernen, unserer Entwicklung versperren.

So muss dieser Mensch gar nicht alle deine Vorstellungen erfüllen, weil es um etwas ganz anderes geht. Der Mensch kam möglicherweise zu dir, damit du wieder zu dir zurückkehrst und deine Qualitäten und Fähigkeiten erkennst und kultivierst.

Wenn dich zum Beispiel jemand verletzt, dann hilft er dir vielleicht, deine Würde zu umarmen und die Fähigkeit des Verzeihens zu entwickeln.

Wir sind miteinander, um uns im Sosein zu begegnen, oder?

Nimm an, was andere in dir wecken

Weckt das Verhalten eines anderen Menschen besonders starke Emotionen in dir, ist es immer gut, innezuhalten und darauf zu achten, was dir der andere spiegelt. Was bewegt dieser Mensch in dir? Gerade die Menschen, die besonders viel in dir bewegen, helfen dir, dich selbst kennenzulernen.

Erst wenn du alles, was geweckt ist, annehmen und damit sein kannst, bist du fähig, wahrhaftig in Beziehung zu gehen.

Solange wir ein Problem mit dem haben, was in uns berührt wird, neigen wir dazu, uns darin zu verfangen. Durch unsere Innenschau erkennen wir all die Gedanken, Gefühle, Vorstellungen, Erwartungen, die diese Beziehung in uns auslösen. Unsere Selbstannahme unterstützt uns dabei, das Gewahrsein hervorzubringen und dadurch Klarheit zu schaffen.

Im Gewahrsein nähren wir unsere Betroffenheit nicht und können dadurch die darunter liegenden Gefühle überhaupt wahrnehmen. Die Übung ist, wach gegenüber dem inneren Geschehen zu sein, bei uns zu bleiben und nichts nach außen zu projizieren.

Ermächtige dich selbst

Alles, was in dir ist, ist richtig. Es gibt nichts Falsches.

Wenn du glaubst, etwas sei falsch, liegt es meist daran, dass deine Mitmenschen nicht damit umgehen konnten, was in dir war.

Wenn du zum Beispiel als Kind gemerkt hast, dass du durch das Zulassen bestimmter Gefühle Irritation, Überforderung oder Abneigung bei deinen Eltern hervorbringst, dann hast du vermutlich sehr schnell in dir abgespeichert, dass es nicht recht ist, wie du fühlst. Und von da an hast du diese Gefühle unterdrückt.

Wie oft hast du gehört: „Oh, du bist wütend? Spannend. Lass uns erst in den Sandsack schlagen und dann sprechen wir in Ruhe darüber, was dich in der Tiefe bewegt."

Überlege dir, wie viele Menschen so mit dir gesprochen haben. Ich vermute, es waren nicht viele – wahrscheinlich keiner.

Und dann fragst du dich, warum es dir so schwerfällt, dich einfach sein zu lassen? Bei wem durftest du so sein, wie du bist, und zeigen, was in dir lebendig ist?

Aber jetzt bist du an einem Punkt angelangt, an dem du nicht mehr länger darauf wartest, dass dir irgendwer die Erlaubnis gibt, so zu sein, wie du bist.

Ermächtige dich selbst, indem du die Verantwortung für dich übernimmst und von deinem Geburtsrecht Gebrauch machst. Es ist von Anbeginn der Zeit so gedacht, dass du bist, was du bist.

Erlaube dir, nicht mehr zu gefallen, sondern zu sein.

Sei frei für die Kraft, die du bist

Wenn du das Anliegen in dir verspürst, dich aus destruktiven Verbindungen zu lösen, dich von Menschen zu lösen, die du ermächtigt hast, über dein Leben zu bestimmen, dann lass dir von der geistigen Welt helfen.

Rufe Erzengel Michael und bitte ihn, die Energiebänder zwischen dir und der jeweiligen Person zu durchtrennen und dein Vertrauen in die innere Führung zu stärken.

Du übernimmst volle Selbstverantwortung und bist bereit, nach innen zu hören, auf die innere Stimme, die dir den Weg weist.

Richte dich auf und beginne wieder zu dir zu stehen – zu deiner wahren Größe. Nutze die Kräfte des Himmels, die dich dabei unterstützen, wieder in deine Kraft zu kommen.

Weil wir geliebt sind, können wir lieben

Wann fühlen wir uns wirklich geliebt? Möglicherweise gerade in den Phasen, in denen wir nichts tun, nichts leisten – wir fühlen uns einfach geliebt für das, was wir sind und wie wir sind. Wir machen einen „Fehler“ und werden dennoch geliebt. Wenn ein Mensch, den wir lieben, etwas tut, was uns nicht passt, dann ärgern wir uns erst mal, aber wir lieben ihn trotzdem. Und weil wir ihn lieben, können wir ihm auch verzeihen. Wenn unser Kind uns ärgert, dann lieben wir es dennoch. Möglicherweise schimpfen wir und gleichzeitig ist diese Liebe da.

Fühlst du jetzt, in diesem Augenblick, dass du geliebt bist?

Vielleicht sollten wir aufhören, zu fordern oder zu überfordern ... uns einzureden, dass wir nicht richtig sind, dass wir anders sein müssten. Manche meinen, wenn sie damit aufhören, würden sie sich nicht weiterentwickeln. Aber das ist nicht wahr. Wie entwickelt sich ein Mensch in unserer Gegenwart, der sich von uns geliebt fühlt? Wie glaubt er innerhalb kürzester Zeit an sein Potenzial und verwirklicht es? Wie könnten wir uns entwickeln, was könnte alles in uns freigesetzt werden, wenn wir uns geliebt fühlen würden?

Wenn wir meditieren, können wir fühlen, dass wir geliebt sind. Dieses Erleben befähigt uns zu lieben. Und diese Liebe unterstützt das Entfalten des eigenen Potenzials, aber auch das Entfalten des Potenzials der Menschen, mit denen wir sind. Auf diese geniale Art und Weise verbindet sich göttliche Liebe mit Nächstenliebe: Weil wir geliebt sind, können wir lieben.

Gelingt es uns, in Liebe anzunehmen, was ist? Den Schmerz in unserem Körper, die Gedanken, die da sind, unsere Bilder, unsere Unfähigkeit, still zu sitzen? Wer oder was ist größer als diese Beschränkungen, diese Forderungen? Wer oder was geht darüber hinaus? Möglicherweise derjenige, der uns die ganze Zeit wirklich liebt. Manchmal tauchen wir in diese Liebe ein, wenn wir meditieren. Dann haben wir großes Vertrauen in alles. Sobald dieses Vertrauen fühlbar ist, können wir mit dem sein, was ist, dann erleben wir Liebe und Geliebtsein.

Daran sollten wir uns gegenseitig immer wieder erinnern – auch in unserem täglichen Leben. Und wir können darauf achten: Sind wir so mit unseren Mitmenschen, dass sie beginnen zu strahlen, dass ihre Augen beginnen zu leuchten? Sobald wir uns geliebt fühlen, können wir wirklich lieben und unseren Mitmenschen den Raum schenken, damit sie ihr Potenzial verwirklichen.

Unterstützung aus der geistigen Welt

∞ ∞ ∞

Lass dich begleiten von den lichtvollen Boten Gottes,
wenn du den Weg nach Hause nicht mehr weißt.
Selbst die größten Meister hatten Meister.

∞ ∞ ∞

Der Hunger eines Suchenden

Je näher wir dem Göttlichen kommen, desto schmerzlicher erfahren wir, was uns davon trennt.

Aber die Sehnsucht und auch der Schmerz, der darin liegt, helfen uns dabei, uns zu orientieren, sie sind richtungsweisend.

Wie tief lassen wir diese Sehnsucht zu?

Wir müssen nicht immer nur akzeptieren, was da ist, uns darin üben, es anzunehmen und nicht zu klagen. Nein, wir dürfen auch sagen, dass es schmerzt, wir dürfen uns sehnen, wir dürfen Hunger haben, wir dürfen uns mit all unserem Schmerz und unserer Sehnsucht für die geistige Welt öffnen.

Die feinen Schwingungen unserer geistigen BegleiterInnen sind unsere Brücke zu Gott. Diese feinen Energien öffnen unser Herz immer weiter, durchdringen immer mehr die groben Schichten unseres Daseins – die Verdichtungen und Verkrustungen, die entstanden sind durch unsere Gier, unseren Neid, unseren Stolz, unsere Eifersucht und unseren Hass.

Wenn wir meditieren, bitten wir darum, diese feinen Schwingungen aus der geistigen Welt aufnehmen zu dürfen. Wir erlauben uns den Wunsch, zu der Erkenntnis zu gelangen, woher wir kommen und was wir sind.

Das ist die treibende Kraft der spirituellen Praxis.

Wir fühlen die Lebendigkeit und Sehnsucht unseres Herzens. Die Sehnsucht, wieder heimzukehren, vereint zu sein mit dem, was uns nährt und trägt, was wir selbst sind. Wir öffnen die Hände und wollen genährt werden mit der Bitte, immer mehr in Übereinstimmung mit dem Göttlichen zu sein.

Erlaube dir, immer lichtvoller zu werden – das Lichtvolle ist die wahre Nahrung eines Suchenden.

Das göttliche Licht fließt zu dir, weil du geliebt bist und nicht, weil du besonders viel geleistet hast. Alles, was zu dir strömt, darfst du einfach aufnehmen, bis du völlig satt bist. Es strömt nicht zu dir, weil du etwas tun sollst.

Wir sind wie hungrige Kinder, die Nahrung brauchen. Und so wie ein hungriges Kind nach Nahrung schreit, ruft ein wahrer Suchender nach Gott. Er ist erst zufrieden, wenn er genährt wird. Er gibt sich nicht mit einer netten Erfahrung zufrieden, es steht ihm zu, völlig satt und genährt zu sein.

Willst du dich wirklich schon mit dem zufriedengeben, was du kennst?

Spüre den Hunger! Der Hunger ist das Feuer für deine innere Reise.

∞ ∞ ∞

Heilung ist immer eine
ganz persönliche Angelegenheit
zwischen dir und Gott.

∞ ∞ ∞

Schritte zurück zu Gott

Wir haben die Möglichkeit, uns für Gott zu entscheiden oder uns von ihm abzuwenden.

Mit welchen Entscheidungen haben wir uns vom Göttlichen distanziert – nicht in Seinem Sinne gedacht, gesprochen und gehandelt? Wenn wir einen geistigen Weg gehen, gehen wir die Schritte, die wir uns vom Göttlichen entfernt haben, wieder zurück. Wir begegnen positivem und negativem Karma. Wir waren mit Sicherheit nicht immer nur gute Menschen, haben vielleicht uns und anderen viel Schmerz zugefügt. Auch das kann uns begegnen. Unterschätze nicht, wie viel innere Stärke darin liegt, all diese unangenehmen Gefühle zulassen zu können.

Sperren wir uns gegen etwas in uns, versperren wir uns vor Gott. Wenn wir uns selbst nicht sein lassen, können wir Gott nicht vollständig empfangen.

Geistige BegleiterInnen unterstützen uns bei all unseren Erlösungsprozessen und wecken wieder die Weisheit, die Liebe und die Kraft in uns. Je tiefer sie uns berühren dürfen, desto mehr wird alles frei, was wir der Verbindung zu Gott in den Weg gestellt haben. Sie helfen uns, das göttliche Potenzial in uns wieder zu entfalten.

Deine persönliche Beziehung zu Gott

Eine wahrhaftige Beziehung ist eine Beziehung, in der wir uns vollständig zeigen können, nichts zurückhalten, uns trauen, so zu sein, wie wir im Augenblick gerade sind.

Jeder von uns hat das tiefe Bedürfnis, gesehen zu werden, angenommen und geliebt zu sein für das, was er ist. Dieses Bedürfnis kann in unserem Leben wahrscheinlich bis zu einem gewissen Grad erfüllt werden. Wenn unser Herz jedoch sehr offen ist, hat es die brennende Sehnsucht, noch tiefer berührt zu werden. Es wünscht sich eine göttliche Berührung, in der alles erfüllt wird, wonach wir uns sehnen, in der alles Verlangen erlischt.

Können wir uns annehmen und die tiefe Sehnsucht in die persönliche Beziehung zu Gott oder zu einem Meister unseres Herzens bringen?

Meditation hat nichts mit Anstrengung zu tun. Wir lassen alles von uns abfallen, streifen alles äußere Leben ab, als würden wir uns innerlich entkleiden, die Masken und Mäntel ablegen. Vor Gott müssen wir keine Rolle spielen. Wir müssen uns nicht anstrengen, damit Er Gefallen an uns findet. Die Kunst ist eher, alle Anstrengung loszulassen. Es geht darum, uns zu zeigen, uns auf eine persönliche Beziehung mit einem verwirklichten Meister bzw. mit Gott selbst einzulassen.

Die tragende Präsenz des Vaters

Unser göttlicher Vater verlässt uns nie, Seine Kraft belebt uns, Seine Liebe lässt uns atmen.

Lass deinen Körper von Seiner stillen, lichtvollen Präsenz durchdringen. Erlaube dir, alles in deinem Herzen lebendig werden zu lassen.

Lass dich durch Seine stille Präsenz an die Schönheit eines unbeschwerten Kindes erinnern. Erlaube dir, Sein Kind zu sein.

In Verbindung mit dem göttlichen Vater sind wir frei. Er ist jederzeit bereit, uns an die Hand zu nehmen, uns zu trösten. Unsere Seele weiß, wie es sich anfühlt, geliebt zu sein, sonst würden wir nicht so darunter leiden, wenn wir es nicht fühlen.

Wir kennen es, frei zu sein, sonst würden wir uns in unserer eigenen Welt nicht so eingeengt fühlen.

Erlaube dir, dich wieder daran zu erinnern, dass du vom Vater geliebt bist.

Wenn wir uns mit der Sehnsucht nach der unendlich weiten, tragenden Präsenz des Vaters verbinden, dann lodert das Feuer der Gottessehnsucht in uns und es beginnt alles, was der Verbindung noch im Weg steht, zu verbrennen, zu erlösen.

Erlaube dir, dass sich deine Seele an den Vater erinnert, der dich sein lässt, wie du bist, und dich über alles liebt.

∞ ∞ ∞

Um zu den Meistern aufzusteigen,

ist es notwendig, dass wir uns ihnen

immer vollständiger zeigen und uns erlauben,

ihnen gleich zu werden – in der Liebe.

∞ ∞ ∞

Zeig dich

In der Meditation verlieren wir völlig die Scheu, uns zu zeigen. Wenn wir einem Meister begegnen, seine

Präsenz fühlen, erkennen wir, dass es unsinnig ist, vor ihn zu treten und ihm irgendetwas vorzuspielen oder vorzuenthalten, weil er uns sehen kann.

Erlaube dir, die Meister deines Herzens innerlich anzurufen, und scheue nichts. Sondern öffne dich, erzähle ihnen alles, was du in deinem Herzen trägst, was dich berührt, was dich schmerzt, was dich freut, wofür du dankbar bist, was du vermisst, was dich wütend macht, worunter du leidest, was du verabscheust, was du liebst. Erlaube dir, wirklich in einem offenen Austausch mit den Meistern deines Herzens zu sein, und bring dabei all deine Liebe und Sehnsucht ein. Du wirst merken, dass sich deine Seele dadurch immer mehr befreit.

Die Meister sind so gütig und so voller Liebe. Du bist definitiv geliebt.

∞ ∞ ∞

Die Liebe der Meister aufzunehmen, ist eine Sache.
Aber es ist genauso wichtig, ihnen auch unsere Liebe zu schenken, indem wir sie in Sehnsucht und Liebe suchen.
Durch die Liebe zu einem Meister
wachsen wir in eine viel größere Liebe hinein,
die alles andere miteinschließt.

∞ ∞ ∞

Der formlose Meister

Verbinden wir uns mit den Meistern, hat ihre Präsenz einen enormen Einfluss auf uns. Sie berührt, durchdringt und erweckt unser Herz.

Die Meister sind das reine Sein, sie sind reine, absolute Lebendigkeit. Wenn wir uns mit ihnen verbinden, sind wir im Austausch mit dieser reinen Lebendigkeit.

In der Gegenwart der Meister können wir so sein, wie wir sind. Sie nehmen alles an, und gemäß der göttlichen Ordnung klären sich in der Verbindung zu ihnen unsere Lebensthemen schneller, weil sie durchdrungen werden vom intelligenten Feld des Gewahrseins, in dem die Meister sich bewegen.

Wenn wir uns beständig mit den Meistern verbinden, werden wir feststellen, dass uns die Beziehung zu ihnen hilft, das Leben in uns zuzulassen, immer mehr unser Herz zu öffnen und in weite Räume des Gewahrseins einzugehen. In der Lebendigkeit wird der Raum des Gewahrseins immer weiter, unendlich weit. Dieses unendliche Gewahrsein ist im Grunde der wahre Meister. Das Gewahrsein ist unendliches Sein, formlos und durchdrungen von tiefster, kosmischer Intelligenz, die alles Leben regelt, genau so, wie es sein soll.

Die Übung besteht darin, uns von dieser kosmischen Intelligenz bewegen und leben zu lassen, sodass unser Wesen in diesem göttlichen Licht strahlen darf, erhellt wird und erkennt, dass alles in ihm ist, dass es eins ist mit dem Geist selbst.

Deine eigene Meisterschaft

Eine tiefe Selbstannahme ist der wesentliche Schritt für eine Transformation. Wenn wir uns selbst lieben, erlauben wir uns auch, dass wir die Liebe der Lichtwesen empfangen.

Dabei lassen wir uns nicht nur von ihrer Präsenz beglücken, sondern erlauben uns, selbst den Weg der Meisterschaft zu gehen. Dabei ist es wichtig, uns selbst so anzunehmen, wie uns der Meister annimmt.

Wir beginnen das, was der lichtvolle Meister in uns sieht, in uns selbst zu sehen. Das, was der Meister an uns liebt, beginnen wir an uns selbst zu lieben. Und da wo er uns in unserer Göttlichkeit berührt, dürfen wir uns selbst erkennen.

So gelangen wir immer mehr zur inneren Meisterschaft, die uns befähigt, auch andere Menschen zu sehen, zu lieben und in ihrer Göttlichkeit zu berühren.

∞ ∞ ∞

Das Empfangen der göttlichen Liebe können wir nicht forcieren. Aber wir können dafür sorgen, dass dem Zustrom des strahlend Hellen nichts im Weg steht. Das ist eine Entscheidung.

∞ ∞ ∞

Meisterliche Schau

Erlaube dir, die Außenfixierung loszulassen: Glaube nicht, du bräuchtest etwas draußen in der Welt, um glücklich zu sein. Lass dieses Konzept von Mangel gehen.

Übernehme voll und ganz die Verantwortung für dich selbst und wende dich nach innen. Begrüße die Fülle in dir. Die Meister sagen: „Du bist Fülle. Du bist absolute Glückseligkeit." Kein Mangel, kein Fehler, keine Unreinheit. Reines strahlendes Selbst.

Atme bewusst ein und sage dir: „Ich bin Fülle. Ich bin Liebe. Ich bin absolute Glückseligkeit." Erlaube dir, das selbst zu bezeugen.

Stell dir vor, wie du den Lebensstrom, das strahlend Helle über den Scheitel aufnimmst. Lass dich von der feinsten und durchdringendsten Energie durchfluten. Lass dieses Licht in jede Zelle einströmen, deinen ganzen Körper erhellen. Erlaube dir, mitten in diesem göttlichen Strahl zu sitzen.

Die Zellen beginnen anders zu schwingen und die Grenzen deiner Wahrnehmung verschwimmen. Und immer mehr wird Teil von dir, kommt in dir vor. In diesem ausgedehnten Zustand des Gewahrseins kannst du in eine einzigartige Verbindung gehen, ohne die Weite zu verlieren.

Die Seele genießt dabei ihre absolute Freiheit. Du hast das Gefühl, du kannst überall hingehen, aber du musst nirgendwo sein, weil du bereits da bist, bereits angekommen.

Egal, wohin du dich bewegst, du hast immer das

Gefühl, zu Hause zu sein. Das ist Seelenbewusstsein. In diesem Bewusstsein kannst du die Schönheit jeder einzelnen Seele bestaunen. In diesem Bewusstsein kannst du ihr Licht erkennen, fernab jeglicher Vorstellungen und Erwartungen. Diese Schau ist die Schau der Meister, der Wesen des Lichts.

∞ ∞ ∞

Lass die göttliche Liebe in deinem Herzen
immer mehr zu, bis du ihr nicht mehr widerstehen
kannst, bis sie dich in ihren Bann zieht,
dich absorbiert, bis du zu ihr wirst.

∞ ∞ ∞

Dein Platz in der Welt

Ganz in deinem Element

Du möchtest gerne fliegen, aber du traust dich nicht abzuheben, weil du an Gewohntem anhaftest und Angst vor dem Alleinsein hast. Der Wunsch nach Freiheit ist tief in uns angelegt. Du spürst deine Spannweite, du fühlst schon die Luft unter deinen Flügeln. Dein Blick geht zurück und du siehst alles, was du meinst, zurücklassen zu müssen. Je mehr du dich damit verbindest, desto unsicherer wirst du. Dein Körper fühlt sich an wie gelähmt und das Fliegen scheint unmöglich. Obwohl du mit allem ausgestattet bist, wagst du es nicht ... und der Vogel wird fetter, immer frustrierter und philosophiert über den Sinn des Lebens.

Lass dies nicht deine Story sein!

Hast du schon mal einen kleinen Vogel gesehen, der zum ersten Mal sein Nest verlässt? Er ist startklar, zögert etwas, breitet aber trotzdem seine Flügel aus und wagt den Flug. Sobald er das Getragensein erlebt, spürt er, dass er in seinem Element ist. Er beginnt zu navigieren, zu singen und spürt, dass dies einfach sein Ding ist. Und alles an ihm ist perfekt dafür, seine Flügel, sein Federkleid, sein Körperbau.

Wofür bist du hier? Wann bist du in deinem Element? Wage es!

Neue Wege gehen

Wie können wir die göttlichen Ideen, die mit unserem Inneren übereinstimmen, auf eine sehr weise Art in diese Welt einfließen lassen? Wie können wir inmitten dieser Welt neue Wege gehen? Wie bewegen wir uns über das kollektive Bewusstsein hinaus, damit wir es mit neuen Ideen bereichern können?

Der geschäftige Geist ist geprägt vom kollektiven Bewusstsein. Viele seiner Gedanken sind Gedanken des Kollektivs, die sich um das Altgewohnte drehen. Wenn wir aus diesem Geist heraus unser Leben gestalten, beschreiten wir die alten Wege.

Es gab immer wieder Meister, die uns durch ihr Wirken motiviert haben, aus den göttlichen Ideen unseres Herzens zu schöpfen. Über das kollektive Bewusstsein hinauszugehen und aus der Weite des stillen Geistes wahrhaftige Herzenserkenntnisse in die Welt zu bringen.

Damit wir das kollektive Bewusstsein mit lichtvollen Ideen bereichern, ist es wichtig, dass wir in zwei Welten leben – wir sind zwar *in* der Welt, aber nicht *von* der Welt. Wir bewegen uns dann in einem Spannungsfeld zwischen der Welt des Geistes und der Materie mit all seinen Begrenzungen und Herausforderungen.

Wichtig ist, dass wir immer wieder erspüren, wo das kollektive Bewusstsein nicht in Übereinstimmung mit den Werten unseres Herzens ist. Und dass wir den Mut aufbringen, neue Formen zu entwickeln, neue Wege zu gehen, die inspiriert sind von den lichtvollen Impulsen aus der geistigen Welt. Je mehr der große Geist das kollektive Bewusstsein durchdringt, desto mehr brechen alte Strukturen auf. Wir erleben dadurch eine Schwingungserhöhung hier auf Erden, die immer mehr Menschen einen Zugang zu höheren Dimensionen des Seins eröffnen wird.

Entfessle deine schöpferische Kraft

Du kannst spüren, wenn Veränderung ansteht und du nicht mehr damit einverstanden bist, wie die Dinge laufen.

Folgst du weiterhin den alten Wegen, erlebst du immer mehr Unstimmigkeiten. Wenn du über diese Unstimmigkeiten hinwegschaust, beginnst du dich selbst zu verleugnen. Vielleicht fühlst du dich erschöpft und erlebst vieles, was du tust, als sinnlos. Höre auf die Signale.

Du wirst gerufen, neue Wege zu gehen. Sobald du dich der Vision deines Lebens zuwendest und bereit bist, die nötigen Schritte zu machen, entfesselst du die Kraft in dir. Du spürst, wie die schöpferische Kraft deiner Vision dich immer mehr erfasst. Je mehr du dich ihr hingeben kannst, desto mehr erfüllt und beglückt dich diese Kraft. Sie wird dir dabei helfen, die alten Formen aufzubrechen und neue Formen zu schaffen.

Sei dir bewusst, dass du ohne diese Kraft nicht

existieren könntest, sie lässt dich atmen und belebt deine Seele.

Mach deinen Geist zum Diener deines Herzens

Wenn wir den Herzensweg gehen, ist der Geist Diener unseres Herzens. Damit er dienen kann, muss er hören, was das Herz ihm mitteilt.

In der Meditation lassen wir den Geist ruhig werden, sodass unser Herz zum Geist sprechen kann und wir uns darüber bewusst werden, was in uns lebendig ist, was sein möchte. In unserem Herzen nehmen wir den Willen Gottes wahr. Er ist nichts anderes als unser eigener Wille. Es ist das Göttliche in uns, das sein möchte. Wir nehmen die Kraft des lebendigen Wortes, das aus unserem Herzen spricht, nicht nur in Empfang, sondern kreieren aus ihr unser Leben.

Es ist eine große Entscheidung, den Geist ruhig werden zu lassen und zu erfahren, was da in uns lebendig ist. Es braucht oft Mut, es zu fühlen, darauf zu hören, weil es so eine Kraft entwickelt, dass wir gar nicht anders können, als es zum Ausdruck zu bringen.

Wir wissen, dass das Universum auf alles antwortet, was wir ausstrahlen. Es hat einen deutlichen Effekt, wenn wir fühlen, was in unserem Herzen ist. Dann ziehen wir Situationen an, die uns dabei helfen, unsere Herzensqualitäten zu entwickeln. Und darin liegt ein größerer Sinn. Wir entfalten und schenken uns. Wir dienen uns und allen anderen.

Jeder hat unendlich viel zu geben, wenn er sich erlaubt, einfach so zu sein, wie er ist. Wir nehmen eine Rolle im Universum ein, die wichtig ist und die nur wir spielen können, weil sie für uns gedacht ist.

Der Ort deiner Erfüllung

Was vermisst du hier in dieser Welt? Wie sollte das Leben aussehen, damit du dich wohlfühlst? Was für einen Ort sollte es für dich geben?

Erlaube dir, diesen idealen Ort zu visualisieren. Wie sieht er aus? Was hörst du? Was riechst du? Was fühlst du? Bist du allein oder mit anderen Menschen dort? Kennst du sie? Was machst du an diesem Ort? Welche geistigen Qualitäten sind dort zu finden? Gibt es dort Ehrlichkeit, Liebe, Hingabe, Demut, Frieden? Erlaube dir, dort alles möglich sein zu lassen, was du dir wünschst.

Erlebe diesen Ort deiner Erfüllung und bewahre dir dieses erfüllte Erleben.

Kannst du diesem Gefühl auch in deinem alltäglichen Leben nah sein und diese Qualitäten, denen du an diesem Ort begegnet bist, in dein Leben einfließen lassen? Du wirst merken, dass du dadurch beginnst, diesen Ort immer mehr hier auf Erden zu erschaffen.

Die Welt sind wir

Wie kann unser Zusammensein immer mehr im Licht des unendlich weiten Geistes stattfinden? Wie können wir diesem Licht immer näher kommen?

Achte die Regungen in deinem Herzen, sei ihnen gegenüber aufmerksam. Wir schauen nicht in unsere Gedankenwelten hinein, wir beziehen uns nicht auf unser gewöhnliches Wissen. Wir beziehen uns immer auf das Lebendige in uns. Wir achten darauf, wo es unser Herz hinzieht, wo die Sehnsucht unseres Herzens hinführt.

Die tiefste Sehnsucht unseres Herzens ist die Liebe – geliebt zu werden und zu lieben. Liebe zu sein. In Liebe zu sein – mit uns selbst, mit anderen Menschen, mit allem, was uns umgibt. Wir überwinden jede Trennung, sodass dieses „Ich" und „Du" sich immer mehr auflösen in dem einen Geist, der uns alle miteinander verbindet, vereint.

Lenke die Aufmerksamkeit zu deinem Herzen und verbinde dich zunächst mit Menschen, mit Seelen, bei denen es dir leichtfällt, Liebe zu spüren, Liebe zuzulassen. Dann erlaube dir, dein Herz noch weiter zu öffnen. Lass zu, dass dein Herz immer mehr miteinschließen darf – alle Menschen mit ihren Bedürfnissen und Sehnsüchten, mit den Herausforderungen, die das Leben ihnen stellt, mit Leid und Freude.

Gehe immer weiter und schließe Berge und Wälder mit ein, schließe die Tiere mit ein. Gib den vielen unterschiedlichen Formen des Daseins in deinem Herzen Raum und lass dich von ihnen berühren. Du erblickst das Wunder einer Blume, eines Baumes, du erblickst das Wunder eines menschlichen Daseins. Du erblickst die Höhen und Tiefen, die Abgründe des menschlichen Daseins.

Manchmal sagen wir, wir hätten etwas Schönes gesehen. Aber Freude und Schönheit liegen nicht in einer Sache. Freude und Schönheit empfinden wir in unserem Herzen. Wir sehen einen Berg. Wir bemerken, was in unserem Herzen lebendig wird. Der Berg wird in uns lebendig. Da ist einmal das Bild, das in unserem Geist auftaucht. Es ist begleitet von einem Gefühl. Ein Gefühl, das wir in der Tiefe annehmen können, wahrnehmen können, wenn wir uns darauf einlassen. Dann schauen wir in uns hinein. Nicht auf den Berg, sondern in uns. Wir bemerken, zu welcher Berührung dieser Berg uns führt. Dieser Berg ist auch eine Regung, eine Schwingung in unserem Herzen.

Manchmal glauben wir, das, was in der Welt und hier auf der Erde geschieht, hätte nichts mit uns zu tun. Aber alles hat einen Effekt auf uns. Wenn es wahr ist, dass wir alle miteinander verbunden sind, dann hat alles einen Effekt auf uns. Und alles, was wir denken, sprechen und tun, hat genauso einen Effekt auf die Welt. Wenn wir grob mit uns selbst umgehen, sind wir grob mit der Welt. Unsere Härte uns selbst gegenüber trifft auch andere.

Indem wir uns erlauben, in Liebe zu sein, kreieren wir diese Welt. Wir werden Mitschöpfer dieser Welt. Wir sind es sowieso die ganze Zeit. Aber wie und was kreieren wir? Wie wollen wir diesen Planeten bewohnen? Wie können wir hier auf Erden sein, sodass es uns gut geht und dass wir auch zum Wohle der anderen da sind?

Die Welt sind wir. Alles in unserem Herzen.

Erlaube dir, alles, was in dir lebendig wird, zu achten, allem Lebendigen in deinem Herzen gegenüber achtsam zu sein. Lass auch zu, dass das Licht der Welt, das Licht der Menschen, das Licht der Natur und der Tiere zu dir kommt. Sie alle sind Formen des Geistes.

Wenn es uns gelingt, uns von diesem Licht berühren zu lassen, sind wir dem Göttlichen in allem ganz nah. Es ist wie ein warmherziges Berührtsein in unendlicher Weite.

∞ ∞ ∞

Erst wenn uns das Leid im Herzen berühren darf
und dadurch in uns geweckt wird, was sein möchte,
kommt es zu einem heilsamen Ausdruck,
der einen Teil dieser Erde erhellt.

∞ ∞ ∞

Wandlung – der Weg der Meister

Wie finden wir einen Umgang mit Gewalt, Missbrauch, Hass usw.? Wie können wir das Leid in der Welt transformieren?

Wir sehen das Leid und fühlen einen Schmerz in unserem Herzen. Im Schmerz zu verharren und aus ihm heraus eine Besserung der Welt bewirken zu wollen, ist nicht besonders weise. Zuerst ist es wichtig, dass wir auf unsere eigenen Gefühle achten. Wenn es uns gelingt, unseren Gefühlen Raum zu schenken, können wir auch immer mehr wahrnehmen, was der Schmerz in uns wirklich berührt.

Aktiviert die Gewalt Ohnmacht oder Hass in uns? Reagieren wir mit Überlegungen, wie wir zum Beispiel Gleiches mit Gleichem vergelten können? Oder trifft die Gewalt auf die transformative Kraft unseres Herzens?

Entscheidend ist, wo wir den Blick hinlenken. Wenn wir weiterhin auf unser Herz blicken, ohne uns auf geistige Reaktionen zu fixieren, spüren wir, dass es so schmerzt, weil etwas anderes sein möchte!

Möglicherweise berührt die Gewalt den Wunsch nach Frieden und den Sinn für Gerechtigkeit in unserem Herzen. Je mehr wir den gefühlten Frieden sich in unserem Körper ausbreiten lassen, desto mehr beginnen wir auch friedlich zu denken und letztlich friedlich und gerecht zu handeln.

Wenn wir fühlen, was wir in der Welt vermissen, dann können wir auch fühlen, wonach wir uns sehnen und was zur Erfüllung kommen möchte –

durch uns. Auf diese Weise heilen wir uns selbst und erhellen einen Teil dieser Erde durch unser Dasein.

Träume, Illusionen und das Erwachen in Gott

Es ist eine große Sache, unserem göttlichen Vater zu erlauben, dass er uns aus unseren Träumen erweckt, da wir allzu gern an unseren Vorstellungen und Erwartungen festhalten.

Spirituelles Erwachen heißt, dass wir all unsere Vorstellungen und Erwartungen hinter uns lassen und das Gesicht des göttlichen Vaters erblicken, in Seine Liebe eingehen. Wenn es so etwas wie eine Aufgabe gibt, dann geht es darum zu lernen, uns in Seinem Geist in der Welt zu bewegen.

Gottgedacht – über Visionen und Werke

Geht es uns darum, erfüllt zu sein, sollten wir darauf achten, jetzt erfüllt zu sein und nicht erst, wenn sich in der Zukunft dies und das verändert hat. Sonst ist das Erfülltsein abhängig von Bedingungen und wir warten die ganze Zeit auf etwas. Und wenn es nicht eintrifft, sind wir enttäuscht, möglicherweise traurig oder wütend.

Glauben wir zum Beispiel, dass wir ein bestimmtes Werk vollbringen müssten, um sinnerfüllt zu sein, liegt die Betonung auf dem Tun und die Gefahr ist groß, dass wir uns selbst verlieren – weil das Erfülltsein von der Realisierung dieser Sache abhängt.

Wir sollten unser Glück nicht aus der Hand geben. Eine Vision ist wunderbar, und wenn sie sich tatsächlich aus der Fülle des Seins hier in der Welt materialisiert, dann wird das Werk uns und allen dienen.

∞ ∞ ∞

Wann beginnt dein bewusstes Wirken in der Welt?

Nicht dann, wenn du genug weißt.

Sondern dann, wenn du so viel Liebe aufgenommen hast,

so erfüllt bist von ihr, dass sie beginnt überzufließen.

Das, was überfließt, ist das, was du gibst.

Du kannst dann gar nicht anders als lieben

und du wirst den Menschen davon erzählen,

wie schön diese Liebe ist.

∞ ∞ ∞

Finde deine Bestimmung im Herzen

Wann beginnen wir, aus unserem Herzen zu leben?

Es gibt eine tiefe Sehnsucht in uns, mit unserem Herzen hier in der Welt zu sein, in Liebe hier zu sein. Egal, ob wir Liebe empfangen oder Liebe schenken, es ist so unglaublich erfüllend.

Wenn wir wirklich erkannt haben, dass Liebe der Grund unserer seelischen Existenz ist, können wir uns eigentlich nicht länger gegen unsere wahre Bestimmung wehren.

Dann ist es sinnvoll, uns immer wieder mit der göttlichen Liebe in unserem Herzen zu verbinden. Weil wir nur in ihr Erfüllung finden können.

∞ ∞ ∞

Für jemanden, der den Weg des Herzens geht,
ist es nur wichtig, wie viel er liebt.
Es ist nicht wichtig, wie viele Menschen er
unterrichtet hat, wie viele Menschen er geheilt hat,
wie viele schlaue Reden er gehalten oder
was er alles in der materiellen Welt geschaffen hat.
Wichtig ist lediglich, wie viel er liebt.
Wenn das, was er geschaffen hat,

aus Liebe entstanden ist, ist es ihm gelungen,
etwas Wundervolles zu materialisieren.
Aber er interessiert sich nicht für das Werk,
sondern einzig und allein für die Liebe.

∞ ∞ ∞

Erwecke den Funken Gottes in dir

Wir neutralisieren uns nicht, wenn wir meditieren. Ganz im Gegenteil: Wir umarmen all unsere Gefühle, wir umarmen die Schönheit des Lebens, die Liebe zu den Mitmenschen, zur Natur, zu den Tieren, wir nehmen alles auf, was wir lieben, und lassen es da sein.

Wir erlauben uns, Freude zu fühlen, Traurigkeit, Schmerz, unsere Verletzlichkeit, den Stolz, die Gier, unsere Eifersucht und auch Leichtigkeit, Dankbarkeit, unsere Gottessehnsucht – alles darf da sein.

Wir wollen all die unterschiedlichen Facetten unseres Seins erleben. Wir gehen nicht darüber hinweg. Wir nehmen uns nicht aus unserem Leben heraus, sondern wir tauchen völlig in das Leben ein. Wir sind nicht neutrale Beobachter unserer Emotionen und Gefühle, sondern wir bejahen diese Energien in unserem Körper, indem wir sie in unserem Geist auftauchen lassen und mit ganzem Herzen fühlen.

Einem Praktizierenden des Herzensweges geht es um Liebe und nichts anderes. Liebe, Liebe, Liebe ... Er will einfach nur lieben und sich und alles, was Liebe ist, entdecken und erfahren. Für ihn ist Gott Liebe, und wenn er in Liebe ist, ist er in Gott.

Atem

„Wenn ihr den Atem nicht bewusst steuert, wer ist es dann, der jetzt gerade atmet? Ihr denkt den Atem nicht und ihr atmet trotzdem – ein Tun, obwohl ihr nichts tut. Fühlt diese Aktivität. Seid verbunden mit dieser Aktivität. Erlebt immer wieder das Geatmetwerden.“

Ein praktischer Einstieg zum Kennenlernen und Vertiefen einer lebendigen Atemkunst.
Der spirituelle Lehrer Daniel Hertlein erinnert uns mit verständnisvoller Direktheit an das, was uns einfach gegeben ist, was in uns lebendig ist. Seine gesprochenen Worte inspirieren uns dazu, das Wunder Leben mit jedem Atemzug immer wieder neu zu entdecken.

Breath

Englische Ausgabe von „Atem“

Alle Bücher sind auch als eBooks erhältlich!

weitere Bücher

Antworten aus dem Hier und Jetzt
„Erleuchtende Begegnungen" mit Daniel Hertlein schenken Antworten auf Fragen zu grundlegenden Aspekten des inneren Weges.

Das Innere leben
Inspirierende Worte erinnern uns daran, wie wichtig es ist, immer wieder nach innen zu blicken und das im Inneren erfahrene Glück im Außen zu verwirklichen.

Rückkehr in die Stille
Die aus einer gelebten Stille heraus gesprochenen Worte inspirieren dazu, uns in der Tiefe zu ergründen, um zu erkennen, wer wir wirklich sind.

Der Weg ins Göttliche
Auf die Essenz bezogene Mitschriften aus Meditationen und Satsangs schenken vielschichtige Einblicke in die kostbare Yogische Tradition – gelebt in der heutigen Zeit.

Yoga

Als CDs und MP3s erhältlich!

Befreites leben
Eine Übungsreihe, bei der unser Geist zur Ruhe kommt und Spannungen im Körper gelöst werden, damit die kostbare Lebensenergie frei in uns fließen kann.

Durchatmen mit Daniel Hertlein Yoga
Sanfte Übungen und eine geführte Meditation lassen Ruhe entstehen.

Energetisches Erwachen
Eine heilsame Energieübungsreihe, mit der wir unseren physischen und feinstofflichen Körper (die Chakren) berühren.

Daniel Hertlein Yoga – wo immer du bist
Eine Kombination von leichten und anspruchsvolleren Elementen, die Einsteiger und auch Geübte anspricht.

Meditation

Als CDs und MP3s erhältlich!

MP3-Downloads aus Live-Aufnahmen über Selbstheilung, Transformation, die Verbindung zur geistigen Welt und Verwirklichung

Erhöhe Deine Bewusstseinsschwingung, Frei in Verbindungen, Mit dem Herzen in der Welt, Aktiviere deine Chakren und viele mehr.

Das Sortiment der Live-Meditationen wird stets erweitert.

Stiller Tanz ins Gewahrsein
Indem wir die „energetische Wirbelsäulenbahn“ aktivieren und einen stillen Geist kultivieren, ergründen wir immer mehr unsere Seele und erleben Gewahrsein.

Hier und jetzt ist genug
Eine Live-Aufnahme aus einem Satsang, die grundlegende Erkenntnisse über Meditation und tiefe Stille schenkt.

W W W . D A N I E L - H E R T L E I N . D E

- Notizen -